Querverlag

Sirko Salka

BANAL-SEX
Wieso schwules Leben harte Arbeit ist

Handlung und Personen sind frei erfunden. Jede Ähnlichkeit mit tatsächlichen Ereignissen, Personen, Tieren oder Institutionen wäre rein zufällig.

© Querverlag GmbH, Berlin 2013

Alle Rechte vorbehalten. Kein Teil des Werkes darf in irgendeiner Form (durch Fotokopie, Mikrofilm oder ein anderes Verfahren) ohne schriftliche Genehmigung des Verlages reproduziert oder unter Verwendung elektronischer Systeme verarbeitet, vervielfältigt oder verbreitet werden.

Umschlag und grafische Realisierung von Sergio Vitale unter Verwendung einer Fotografie © Serg Zastavkin - Fotolia.com

Druck und Weiterverarbeitung: Finidr
ISBN 978-3-89656-216-6
Printed in the Czech Republic

Bitte fordern Sie unser Gesamtverzeichnis an:
Querverlag GmbH
Akazienstraße 25, 10823 Berlin
www.querverlag.de

INHALT

Einleitung 7
*Eine ironische Nabelschau über die Tücken
im Alltag und die „Sieben schwulen Todsünden"*

KAPITEL 1
Hochmut 13
Wir Schwulen sind die besseren Männer

KAPITEL 2
Neid 33
Wir müssen überall den Größten haben

KAPITEL 3
Zorn 55
Wir treiben uns gegenseitig in den Wahnsinn

KAPITEL 4
Trägheit 77
Kann denn Mainstream Sünde sein?

KAPITEL 5
Habgier................................... 99
Wir kompensieren uns zu Tode

KAPITEL 6
Völlerei.................................. 117
Unsere Maßlosigkeit macht uns glücklich

KAPITEL 7
Wollust.................................. 135
Wir sind die wahren Experten für wilde Exzesse

Ende...................................... 157
Ganz so banal ist unser Sex dann doch wieder nicht

EINLEITUNG

Eine ironische Nabelschau über die Tücken im Alltag und die „Sieben schwulen Todsünden"

Letzten Monat bekam ich überraschend Besuch von einem längst vergessenen Freund, den ich seit dem Abitur vor 20 Jahren nicht mehr gesehen hatte. Im Netz war er über meinen Namen gestolpert, wie er mir erzählte, und so stand er plötzlich vor meiner Haustür.

Ich freute mich riesig, die uralte Pflaume wiederzusehen. Zumindest optisch hatte sich der Kerl kaum verändert, was ich beneidenswert fand. Bei zwei, drei Bier brachten wir uns gegenseitig auf den neusten Stand. Zunächst war alles wie früher. Eloquent knüpften wir an unsere gemeinsame Schulzeit an, tauten all den Unsinn verbal auf, den wir damals gemeinsam verzapft hatten, hauten ein paar pubertäre Anekdoten auf den Küchentisch – darunter Dinge, an die ich mich zum Glück nicht mehr erinnern konnte.

Der Knall kam, als ich ihm von meinem letzten Freund erzählte. Mein Kumpel hatte tatsächlich keinen blassen Schimmer, dass ich schwul bin. Unglaublich! Er reagierte irritiert, fühlte sich verraten und packte all die hoffnungslos peinlichen Fragen aus, die ich seit dem Coming-out immer wieder gestellt bekommen habe. „Wer war bei euch die Frau, und wer der Mann?", „Warst du damals in mich verknallt?" Oder: „Bist du schwul geworden, weil du bei Mädels nicht landen konntest?"

EINLEITUNG

Solch ein rhetorisches Grobzeug kam da zum Vorschein, gefolgt von einer dusseligen, dramatischen Distanz. Als wir uns wenig später verabschiedeten, pfiffen wir auf die obligatorische Umarmung unter Freunden. Dass wir uns bald wiedersehen, bezweifele ich. Schade, aber, vielleicht müssen weitere 20 Jahre ins Land gehen, bis es alle Heteros gerafft haben, wie normal – und ich finde auch, wie banal – unsere sexuelle Identität ist.

Hier in Berlin habe ich zuletzt rege Diskussionen darüber geführt, wie es mit unserem Schwulsein weitergeht, wenn erst sämtliche Sachen geregelt sind. Macht unsere Homosexualität überhaupt einen Unterschied, sobald wir gesetzlich gleichstellt und auch gesellschaftlich halbwegs gleichbehandelt werden? Können wir – wie es besonders Avantgardistische unter uns schon lauthals promoten – das schwule Label in Kürze ablegen und die gewachsene Identität abstreifen wie den glitzernden Fetzen vom letzten CSD? Sind unsere geliebten Gay-Paraden hinfällig? Sollen wir gar unsere Communitys dichtmachen? Werden wir jetzt alle überstürzt flügge, verlassen wir erneut unser Zuhause und brechen mit der Wahlfamilie? Ist Sex das Einzige, was uns fortwährend verbinden wird, und ansonsten nichts mehr im Tunten-Tank vorhanden, was uns einst zusammenbrachte, einte und starkmachte?

Also, auf mich persönlich wirken sowohl mein geschockter Gast von Gestern als auch diese gruseligen Gedanken über das schwule Ende von Morgen wie zwei einfältige Extreme, die mit dem homosexuellen Heute herzlich wenig am Hut haben.

Ich glaube, dass wir zum einen eine restlose Akzeptanz im Volke nie erreichen werden. Da mögen wir noch so drollige, gesellschaftliche Purzelbäume schlagen und bisweilen krampfhaft versuchen, uns im Mainstream aufzulösen, was mit der akuten Gefahr des Sich-Anbiederns und Sich-Verbiegens verbunden ist. Wir normalisieren uns, nein, wir heterosexualisieren uns ja ohnehin bereits zu Tode. Und ich finde, dass wir das nicht nötig haben und auf diese Weise nicht glücklicher werden. Genauso wenig kann ich jene ominösen Unkenrufe nachvollziehen, dass es für Schwule keine lukrativen Lebenskonzepte gäbe. Dass uns die ach so unbarmherzige Gesellschaft nicht angemessen mitnehmen würde, uns arme Säue nicht erwachsen werden ließe. Leute, diese Mitleidschiene bringt's nicht! Sie führt in einen schäbigen Sackbahnhof.

Zum anderen bin ich fest davon überzeugt, dass unsere Homosexualität ein entlarvender Spiegel der gesamten Gesellschaft ist. Auch wenn sie faktisch und subjektiv genauso normal, bieder und ausgeflippt sein mag wie die Heterosexualität, wird unsere Gleichgeschlechtlichkeit rein emotional auf lange Sicht als das Andere, Nichtkonforme und Absonderliche wahrgenommen werden. Durch unsere geballte Sichtbarkeit und unser gestärktes Selbstbewusstsein decken wir außerdem nicht nur überholte Muster und traditionelle Irrläufer im Lande auf, wir – wie auch alle anderen Randgruppen – sind darüber hinaus ein dringend nötiges Korrektiv: Unsere Homo-Ehen haben die Antiquiertheit der an den Trauschein gebundenen staatlichen Privilegien gnadenlos offenbart. Inzwischen streiten alle Parteien über die sinnvolle Abschaffung des Ehegattensplittings.

Im Klartext: Mit uns wird Politik gemacht. Unsere Regenbogenfamilien beweisen wiederum, dass es bunte Alternativen zur herkömmlichen Vater-Mutter-Kind-Kleinfamilie gibt. Jungen und Mädchen können selbstredend mit zwei Müttern oder zwei Vätern glücklich groß wer-

EINLEITUNG

den, ohne eklatante Defizite in ihrer Sozialisation aufzuweisen. Ich kann mir vorstellen, dass sie sozial abgehärteter und aufgeklärter sind als andere Jugendliche.

Drittens diente unser Lifestyle lange als Vorreiter und als Vorbild für heute selbstverständliche Freiheiten und vielfältige Formen der Verwirklichung. Wir haben in den letzten 20, 30 Jahren wacker Trends losgetreten und mutig Maßstäbe gesetzt, von denen jede moderne Gesellschaft profitiert. Und in dem Zusammenhang schnalle ich nicht, wieso immer mehr Schwule auf einmal nach dem heterosexuellen Rockzipfel schnappen und sich in tradierte Korsette quetschen, die in die Kleiderspende gehören.

Um diese und viele andere Paradoxien geht es in diesem Buch. Wie meistern wir den irrigen Zwiespalt, dass wir individuell natürlich ebenso normal, durchgeknallt und anders wie alle anderen sind – als Gruppe aber weiterhin einen gesellschaftlich relevanten Unterschied machen? Wieso ist schwules Leben nicht nur Spaß, sondern ab und an ein hartes Stück Arbeit? Welche groben Schnitzer unterlaufen uns bei dem banalen Versuch, ein möglichst befriedigendes Leben zu führen?

Ich habe dazu – man könnte sagen, „typisch homo!" – die dicken Keulen ausgepackt, denn ich werde in den folgenden Kapiteln über die „Sieben schwulen Todsünden" herfallen. Was historisch und religiös betrachtet vermutlich eine Unverschämtheit ist, da ich mit diesen kulturell aufgeladenen Begriffen bestenfalls spiele, sie komplett auf das wunderbar perverse Schwule runterbreche und dabei nicht einmal Wert auf Genauigkeit und Vollständigkeit lege. Wenn die schwulen Todsünden – Hochmut, Neid, Zorn, Trägheit, Habgier, Völlerei und Wollust – eines gemein haben, dann ist es ein Leben im ewigen Exzess. Das passt doch ganz gut auf viele von uns, oder?

Mir geht es bei meinem Konstrukt der Todsünden, anders als ihren einstigen geistig vernebelten Urhebern, daher weder um moralische Vorhaltungen, haltlose Verbote noch um vorschnelle Bewertungen, sondern ich möchte eine Diskussion unter uns anzetteln, dass wir miteinander quatschen und mal kurz über dieses verdammt komplizierte, komplexe, chaotische und deshalb in meinen Augen so „normale", lebens- und liebenswerte schwule Leben nachdenken. Unser gemeinsames Homo-Ding wird uns eine ganze Weile beschäftigen. Da bin ich mir sicher. Das werden wir nicht so einfach abschütteln können, egal, welchen Weg wir künftig weiterlatschen.

Für mich sind mein Schwulsein und unsere Community etwas komplett Irrationales und Emotionales und von daher nicht so super-leicht Erklärbares. Ich kann nur sagen, dass ich bei all den „Sieben schwulen Todsünden", die ich regelmäßig begehe, fast immer ein gutes Gefühl habe.

KAPITEL 1

HOCHMUT

Wir Schwulen sind die besseren Männer

Wie eine Kerze steht er da. Auf den Dünen des Wollins. Hoch oben an der wilden polnischen Ostseeküste. Nackt natürlich. Mit glühendem Docht. Ein Typ mit senkrecht in die salzige Meeresluft stechendem Segel. Stolz. Stattlich. Und stockschwul. Seine imposante Fahne unbekümmert in den Wind haltend. Eine ziemlich steife Brise. Die meiste Zeit über ist sie gehisst. Zwischendurch mal auf Halbmast gesetzt, mit der rechten Hand lässig auf und ab gerollt. Jeder Neuankömmling hier am Homo-Beach von Lubiewo bei Swinemünde wird auf diese Weise plakativ begrüßt.

Ein Gemisch aus Schweiß und Sonnenmilch läuft wie flüssiges Wachs seinen sichtlich in die Jahre gekommenen Körper herunter. Bahnt sich einen Weg über die stark behaarten Arme. Die längst ergrauten Titten. Den massiven Gipfel seines Bauches. Folgt dem zerfurchten Rücken abwärts bis in die Schluchten seines Hinterns. Der irre Typ hat bestimmt fünfundzwanzig Jahre mehr auf dem Buckel als ich. Nicht mein Fall. Dieser ungenierte Seebär. Und dennoch ist er derart faszinierend, dass ich ständig zu ihm rübergucken muss. Ein ungewöhnlicher Männer-Magnet.

Scheinbar angewachsen verharrt er im Dornengestrüpp auf dem viel zu heißen Sandboden. Umschwärmt von allerlei lästigen Insekten, die ihn anders als mich offenbar nicht im Geringsten jucken. Mit einer stoischen Gelassenheit und Selbstverständlichkeit, die mich merklich beeindrucken. Kerzengerade posiert er da mit dieser funkelnden Fackel in seiner Flosse protzend. Eine osteuropäische Freiheitsstatue, jedenfalls in meinen Augen. Etwas Schwuleres ist mir nördlich des Stettiner Haffs während meiner gesamten Polen-Rundfahrt nicht begegnet.

Sieben Jahre liegt das nunmehr zurück. Und noch heute denke ich gelegentlich an die Lady Liberty von Lubiewo. Weil sie für mich ziemlich exakt das symbolisiert, was ich mit unserer furchtbar komplexen wie komplizierten sexuellen Identität so assoziiere. Sämtliche Fragen dieses mehr oder minder erquicklichen Homodaseins lassen sich an ihr ableiten. Unsere Perspektiven. Freuden. Träume. Ängste. Konflikte. Sowie unsere zermürbenden Zerwürfnisse. Der Zwiespalt zwischen Homo-Norm und nüchterner individueller Realität. Ich meine, den üblichen Klischees folgend müssten wir Schwulen doch allesamt ausgesprochen kommunikativ und kreativ sein. Verdammt gut aussehen und körperlich top in Schuss sein. Viel verdienen, viel verreisen und viel verprassen und zudem wenig Mühe haben, uns die Kerle aufzureißen. Und sei es jeweils bloß für eine Nacht.

Außerdem haben wir natürlich nicht nur typisch männliche wie weiblichen Eigenschaften wie alle anderen auch, sondern wir machen diese clever miteinander kombiniert zu unserer ultimativen Charakterstärke. Wählen aus dem Pool an verfügbaren Soft Skills instinktiv immer die Richtigen, die Besten aus. Wir sind damit eine Avantgarde, also, sofern die Zuschreibungen auch tatsächlich zutreffen.

Darüber hinaus hält uns manch einer für einen empfindlich störenden Stachel im System. Im positiven wie im negativen Sinne. Der, je größer und sichtbarer er wird, tradierte Formen unseres Zusammenlebens um so unverblümter konterkariert. Wenn wir Schwulen uns mal lustig auftransen. Eine bürgerliche Homo-Ehe eingehen und auf diese Weise das Ehegattensplitting abgreifen. Eine kleine Familie gründen, Kinder zeugen oder, so weit das bisher rechtlich möglich ist, welche adoptieren. Dann entfaltet der Stachel seine die Norm irritierende Wirkung. Wie man es drehen mag, überall, wo dick Homo draufsteht, ist eine kleine gemeine gesellschaftliche Verzerrung eingebaut. Gut so.

Doch was konkret steckt hinter unserer schwulen Identität, wenn unsere bloße Existenz in der öffentlichen wie in unserer eigenen Wahrnehmung zwischen erhabener Elite und politisch brisanter Sprengkraft schwankt? Wir für streng Konservative einen beunruhigenden Frontalangriff darstellen auf die heile heteronormative Welt von gestern, die es so zumindest hierzulande nicht mehr gibt. Wir uns selbst jedoch in letzter Zeit teilweise immer bemühter gen Mitte auspendeln lassen. Für ähnlich normal halten wie alle anderen auch. Mit welchen Konsequenzen?

Wer sind wir wirklich? Strand-Lady, was meinst du? Du bist doch selbst so ein Homo-Dinosaurier, ein queeres Relikt aus vergangenen Tagen. Hast Generationen von Jungschwuppen an der polnischen Küste kommen und gehen sehen. Dein Fähnlein bestimmt nie schlaff in den Wind gehalten, wirkst auf mich eher wie eine pink angestrichene, in die Jahre gekommene Kriegerin. Reglos, aber nicht träge. Dieses besonnene Ausharren auf den schwulen Dünen, dein weiser Blick, die coole Art, wie du deinen prächtigen Krückstock schwingst, macht dich für mich zu einer Expertin. Was rede ich, zu einer polnischen Ikone! Also, sind wir Schwulen deiner Ansicht nach die pauschal besseren Männer? Die ganz großen Revoluzzer? Dauerpotente Pendler zwischen Tradition und Postmoderne? Unkonventionelle Tabubrecher in Liebesdingen? Was einem als subversives Image ähnlich schmackhaft runterginge wie ein Pfund Speiseeis.

Oder ist das alles hoffnungslos übertrieben, hirnrissig aufgebauscht, herrlich idealisiert? Macht „homo" heute denn noch einen gesellschaftspolitischen Unterschied, unsere Community einen emanzipatorischen Sinn? Ist da außer Heftig-miteinander-Ficken noch etwas mehr, was wir Schwulen teilen? Entdecken wir beispielsweise gemeinsam alternative Trampelpfade, finden wir eigene Wege und Leitplanken für ein halbwegs erträgliches Leben? Oder schlagen wir bereits befestigte Hauptstraßen ein und humpeln so der großen Hetero-Herde allenfalls hechelnd hinterher? Und heulen von Zeit zu Zeit laut auf, dass es für uns keine adäquaten queeren Konzepte gibt? Ich will das jetzt wissen, liebe Lady, also sprich mit mir!

Beipackzettel für ein fröhliches schwules Leben

Soll ich ehrlich sein? Früher hätten mir solch ausgesprochen sexuellen Promenaden-Packungen wie du einen gehörigen Schrecken eingejagt. Als es Anfang der Neunziger kaum Vorbilder gab. Man nach jedem halbwegs pinkfarbenen Strohhalm gegriffen hat, um Orientierung zu finden. Als die eigene schwule Identität bei Weitem nicht rund lief, sondern so brüchig war wie ein Satz künstlicher Fingernägel.

Hätte ich dich da, verehrte Beach-Baronin, zufällig in dieser Bums-Böschung angetroffen – und ich bin mir sicher, dass du vor zwanzig, dreißig Jahren schon genauso majestätisch im seichten Gestade gestanden hast – dann wäre mir wahrscheinlich angst und bange um die eigene Zukunft geworden. Dass ich meine rosa Rententage einst ebenso an den Küsten der Meere, an den anderen Ufern deutscher Badeseen verbringen müsste. Vielleicht ein wenig affektiert, anmachend, albern und absonderlich. Umschwärmt von Insekten und beglotzt von frisch zu Ende pubertierten Nachwuchs-Tucken, die meine Enkelkinder sein könnten.

Die ersten echten Schwulen in meinem Leben hingegen, meine späteren Homo-Helden, lösten bei aller Neugierde ein nagendes Unbehagen in mir aus, indem sie mir schier groteske, schwer zu überwindende Differenzen offenbarten. Ich wurde alsbald das bohrende Gefühl nicht los, etwas ganz Anderes zu wollen und etwas Besseres zu verdienen – Eitelkeit ist ja nicht zwingend eine Frage des Alters.

Da war die stets in teure Tücher gehüllte, äußerst gebildet sprechende, ergreifend effeminierte sowie übertrieben gekünstelte Kulturschwuchtel, die ich ab und an bei Vernissagen oder klassischen Konzerten antraf. Ein Unikum, aber eines, über das sich der Rest des ansässigen Kunst-Pöbels im Flüsterton gern den dreckigen Volksmund zerriss. Was der trotzdem mitbekam – und lächelnd ertrug.

Irgendwann nahm mich diese Knaben-affine Koryphäe, auf welche die heute reichlich antiquiert wirkende Bezeichnung „verzaubert" bestens zutraf, mal dezent zur

Seite und konfrontierte mich mit den kostbarsten Komplimenten. Schmetterte eine Arie an Schmeicheleien gegen mein verlegenes Haupt. Hatte in mir etwas entdeckt, wonach ich selbst noch auf der Suche war. Würde ich einst, sobald ich es gefunden hätte, genauso extrovertiert und exzentrisch durch die lokalen Festivitäten ziehen? Mich dort dem dörflichen Gespräch, dem dümmlichen Gespött der Leute preisgeben? Den Gedanken fand ich höchst ambivalent.

Mein zweites Idol kleidete sich komplett in Leder. Mütze, Weste, Hose, Handschuhe, Stiefel – nur seinen Hintern trug er offen. Ihn lernte ich im Sommer bei meinen ersten Cruising-Versuchen kennen. Dieser reife Fetisch-Biker löste in mir noch mehr Gewirre aus. Der Mann, massiv wie ein Schrank, aufgetranst wie ein Cop und behaart wie eine Bestie, war so devot wie ein Diener, folgsam wie ein Landesbeamter und passiv wie eine Werkbank.

Was für ein Gender Trouble! Ich wusste wenig mit ihm anzustellen. Hatte ja keine Bedienungsanleitung zur Hand. Ich meine, ich war doch der Boy! Sollte ich daher wirklich diesem Daddy ins aufgetunte Heck fahren? Wozu der martialische Männerpanzer, wenn drinnen eine liebliche Prinzessin schlummerte? Kapierte ich nicht. Müsste ich mich irgendwann ähnlich verkleiden, um bei den großen Jungs, auf die ich es abgesehen hatte, andocken zu können? Das erschien mir nicht plausibel. Die Typen sollten mich von hinten gefälligst so nehmen, wie ich bin, und nicht so, wie sie mich in ihren feurigen Fantasien gerne hätten!

Mit 19 lernte ich in der einzigen schwulen Kneipe der Stadt meine erste Drag-Freundin kennen, eine in der kleinen Szene bekannte Hobby-Transe und Berufs-Alkoholikerin, die ich nie nüchtern erleben durfte. Nächtelange schwärmte sie von den tapferen Polittunten der hiesigen Bewegung in den Siebzigern und Achtzigern, von ihren amerikanischen Schwestern, die 1969 vor dem New Yorker „Stonewall Inn" auf der Christopher Street jenen legendären Homo-Aufstand gewagt hatten. Sowie auch von den couragierten ACT-UP-Kämpfern, die ebenso mutig wie radikal gegen das Aids-Virus in den Köpfen der Menschen antraten.

Queere Politik, das machte mir das liebenswerte Wodka-Weib klar, hatte viel mit übertriebener Maskerade, zu dick aufgetragenem Lidschatten und einer künstlerisch nicht zwingend hochwertigen Performance zu tun. Eine kräftige Portion Kitsch sei ihre persönliche tägliche Waffe gegen alles Normierte und Bornierte unserer Gesellschaft. Camp als Kampfparole. Das gefiel mir zwar schon besser.

Doch leider verspürte ich zu der Zeit keine übersteigerte Lust, irgendwelche Botschaften irgendwann in Fummel und Hochhackigen zu überbringen. Mir auf Demos ein Zweithaar aus Pferdemähne aufzusetzen und als tragische Heldin in Strumpfhose zu enden, die ihren Lebensabend am Zapfhahn der einzigen örtlichen Tuntentränke fristen muss.

Das Verhältnis zu meinen drei Vorbildern war gewachsen und gespalten zugleich. Verzweifelt suchte ich unseren gemeinsamen Nenner, eine brauchbare Blaupause für mein künftiges Leben als überzeugter Homosexueller. Naiv und hochmütig war ich fest davon überzeugt, dass es für mich eine attraktivere Alternative geben müsste. Nach den Unruhen meines Coming-outs wünschte ich mir Stabilität und Halt. Banale schwule Normalität, gern auch etwas weniger ausgeflippt und karikaturenhaft.

Doch vieles von dem, was ich als biedere Jungschwuppe zu der Zeit medial entdecken sollte, war zugestopft mit Überzeichnungen und küchenpsychologischen Rezepten. Ich verschlang Ratgeber, die entweder eine etwas schwer verdauliche Klaviatur der Betroffenheit anstimmten oder gewaltig in die verstaubte Schublade griffen, aus der sie all jene homosexuellen Prototypen rausholten – Polit-Schwester, Partytranse, Daddy, Bär, Lederkerl und trendy Twen –, mit denen ich mich damals nur bedingt identifizieren konnte.

Über die wenigen interessanten Publikationen, die ich zum Thema Homosexualität in den Bibliotheken finden konnte –, oftmals skandalöserweise in der Abteilung Psychologie und unter „gestörtes Sexualverhalten", und das noch bis in die Mitte der neunziger Jahre hinein –, zog ich mir Beipackzettel für ein fröhliches schwules Leben rein. Wichtige Lektüre, politisch durchaus korrekt, jedoch blieb ich mehr an den Risiken und Nebenwirkungen kleben. Vieles, was dort als Gay-Lifestyle angepriesen wurde, war mir suspekt. Zu schön, um wahr zu sein.

Mich setzten all die edlen Charakterzüge, die wir Schwulen angeblich teilten, eher unter Druck. Diese veröffentlichten Verheißungen in Superlativen. Jener programmatische Homo-Hochmut, der für das Wachsen unserer schwulen Identität und Erstarken der Community wahrscheinlich sogar unabdingbar war. Bloß, wie würde erst der Mainstream darauf reagieren, wenn ich schon Zweifel anmeldete? Dazu möchte ich etwas ausholen.

Ausgesprochene Homo-Hypoch[

Eine Familie in der Nachbarschaft, in der ich au... hatte acht Kinder. Ausschließlich Söhne. Acht kleine Testosteron-Biester. Die wie im Akkord auf die Welt schlüpften. Kaum eins geboren, ward deren Mutter wieder schwanger. Angeblich wollte sie unbedingt eine Tochter kriegen. Hat es wieder und wieder probiert. Was letztlich eine vergebliche Liebesmühe war, einfach nicht klappen sollte.

Warum ich das erzähle? Während meines Coming-outs in den Neunzigern fand ich wiederum die Vorstellung erbauend, dass moderne Eltern ebenso beharrlich und konsequent ihre Nachkommen zeugen, bis endlich auch mal ein Homo-Baby bei rausspringt. Nach dem Motto: „In jedem siebten Ei ..." Dass eine Ausgewogenheit in den heimischen Kinderzimmern nicht nur hinsichtlich der traditionellen zwei Geschlechter angestrebt wird, sondern auch hinsichtlich ihrer sexuellen Identität. Wär nur fair, dachte ich mir. Als Schwuler hat man in der Pubertät ja genug Zeit für einsame wie komplett naive Spinnereien. Es stehen halt nicht besonders viele intime Termine an, weil das Freizeitprogramm „Freundin" in der Regel sehr spärlich ausfällt. Und des Weiteren schnell klar ist, dass man bei den meisten Klassenkameraden mit seinem schwulen Komplex nicht groß landen kann.

Mal abgesehen von den kleinen und harmlosen Ferkeleien, die manche Kumpels bei einsetzender Geschlechtsreife auf den Schul-Klos miteinander veranstalten, wenn ihre Drüsen und Hormone auf einmal aufkeimen und durchknallen. Die Produktion Mann abrupt angeschmissen wird. Was man in den Umkleiden oder Kinderzimmern irgendwann streng zu riechen bekommt.

Ist es übrigens mal jemandem aufgefallen, dass sich die wildesten Klowichser und die enthusiastischsten Eiergrabscher vom Schulhof später als die homophobsten Hetero-Hüpfer auf dem Campus entpuppen? Keine Ahnung, aus Scham vielleicht oder aber aus Verdrängung heimlicher Gefühle? Gepaart mit einer bekennenden Blödheit? Ich meine, das kennen wir doch von ganz anderen Gay-Gegnern. Wer heutzutage noch lauthals über Schwule abläster, macht sich seiner hoffnungslos verkappten Homosexualität – oder eben seiner erstaunlichen Einfalt – schließlich überhaupt erst verdächtig. Also besser Schnauze halten im Schrank – oder beherzt rauspurzeln!

Umfragen zufolge soll sich die Zahl der Knaben, die es pubertätsbedingt phasenweise mal mit fremden Pimmeln probieren, in den letzten Jahrzehnten sukzessive verringert haben, was mit der viel stärkeren Thematisierung und Sichtbarkeit der Homosexualität erklärt wird. Die bekannten zwei Seiten einer Aufklärungsmedaille. Sobald das geheime Abkommen unter Jungen einen Namen bekommen hatte, schrillten im ganzen Schwulgelände sämtliche Alarmglocken. Ich nenne das panische Homo-Hypochondrie. Man könnte sich ja an das Lutschen auf den Latrinen gewöhnen. Mit der geschassten Homo-Sache anstecken. Oder den Verdacht erwecken, seine Kumpels mehr als nur zu mögen.

Wer beim Duschen nach dem Training aus Versehen oder Neugierde einen Tick zu lange auf die Backen des Nachbarn schielt, kann im Grunde nur eine Schwuchtel sein. Wer mit elf, dreizehn, fünfzehn Jahren noch kein Interesse für die Girls zeigt, läuft Gefahr, für ein schwules Mädchen gehalten zu werden. Ganz schön anstrengend, was man als Heranwachsender so beachten muss, seit es für völlig natürliche Verhaltensweisen Bezeichnungen und vor allem kulturelle Bewertungen gibt!

Dabei ist es zweifelsohne normaler, als mühsam vor sich hin reifender Möchtemalmann ein paar harmlose homoerotische Erfahrungen zu sammeln, anstatt sich krampfhaft als Mini-Macho zu gebärden und schwächere Mitschüler mit Klassenkeile oder stupiden Hasstiraden zu triezen. Doch der Stempel „schwul" gilt in diesen Kontexten oft als Gau, als eine Art Höchststrafe. Heutzutage erst recht. Man mag es nicht glauben! Der Schulhof, ein Hort von Gestern!

Mir persönlich bereitete vor 20 Jahren vielmehr die Frage Kopfzerbrechen, ob und woran Eltern ihre Homo-Kids erkennen. Wo es für einen selber schon ein Wahnsinnsstress gewesen ist, die Lage halbwegs realistisch zu peilen.

Sicherlich, manche von uns waren bereits in der Wiege drollige Baby-Queens. Haben ihre Tuntigkeit quasi mit der Muttermilch aufgesogen. Ihr Bäuerchen nach dem Stillen ganz süß genäselt. Mehr an Papas Daumen genuckelt als an ihrem Silikon-Schnuller – es sei denn, er war mit funkelnden Strass-Steinchen besetzt. Haben ausschließlich in Designer-Höschen genässt, nicht in diese billigen Wegwerfwindeln. Und im Kinderwagen zu den Bee Gees gewippt.

Während andere erst im Laufe der Jahre auf ihre schwulen Anteile gestoßen sind. Bisweilen auch ohne erkennbare Vorzeichen. Was die panische Penetranz noch verschärft, mit der besorgte Mütter und Väter heutzutage im Internet seitenweise Foren füllen, mit den ewiggleichen idiotischen Einträgen verstopfen.

„Um Gottes willen", heißt es dort, „unser Sohn spielt lieber Violine als Fußball. Trägt die Kleidung seiner älteren Schwester auf. Tanzt gerne Spitze, statt uns auf der

Nase herum. Interessiert sich eher für Kunst und Kultur denn für dumme Jungenstreiche. Beschäftigt sich mehr mit Puppen als mit Poppen. Ist zu dünnhäutig, zu emotional, zu nah am Wasser gebaut. Kann es sein, dass unser Kind schwul ist? Leute, bitte helft uns!" Da haben wir sie wieder, diese ausgesprochenen Homo-Hypochonder!

Unser Begehren ist reichhaltig und unerklärlich

Zu den Wurzeln der gleichgeschlechtlichen Liebe ist in den letzten zwei Jahrhunderten viel geforscht worden. Lange Zeit pendelte der wissenschaftliche Diskurs zwischen angeboren und anerzogen. Ersteres ließ sich vorzüglich als eine psychische Krankheit interpretieren. Das andere als eine krasse moralische Keule instrumentalisieren, indem die Erziehung, das Umfeld, die Sozialisation und die fehlende Willensstärke des Betroffenen dafür verantwortlich gemacht wurden.

Bis heute hat die Ursachenforschung zur Homosexualität keine befriedigenden Ergebnisse geliefert. Ob nun genetisch bedingt, hormonell gesteuert oder gar bewusst ausgewählt – in akademischen Kreisen und insbesondere auch in eisern moralinsauren Fachzirkeln sowie unter religiös fanatischen Unruhestiftern wird weiter nach Erklärungen gesucht und bisweilen wüst rumspekuliert. Die daraus oft resultierende absolut abstruse Verunglimpfung von Lesben, Schwulen und allen anderen sexuellen Minderheiten ist inzwischen so alt, wie diverse Vorbehalte im Volk teilweise immer noch verkrustet sind. Seriöse Forschung sollte zu dem Schluss kommen, dass sexuelles Begehren ebenso reichhaltig und unerklärlich ist und von einer Vielzahl an Faktoren abhängt wie die menschliche Lust, die Liebe und das Leben generell.

Deshalb ist es mitunter auch bitter mitanzusehen, wie groß die Widerstände innerhalb einiger Familien tatsächlich noch sind. Wenn der vermeintliche Worst Case dann eingetreten ist und Eltern auf einmal selbst anfangen, sich wie Plagen aufzuführen. Indem sie elend rumjammern oder sich die Birne darüber zermürben, wie sie den homosexuellen Schlamassel hätten verhindern können.

Wenn, noch nerviger, den betroffenen Töchtern oder Söhnen offen oder auch indirekt das Gefühl vermittelt wird, eine komplette Enttäuschung zu sein. Wenn die elterliche Unwissenheit in einen plumpen Egoismus mündet, der sich in geschmacklosen Vorwürfen auszahlen kann. Dass nun zum Beispiel keine Enkel zu erwarten seien – was so ja heutzutage nicht mehr zwingend stimmen muss – und dass das Ansehen in der Nachbarschaft, im Kollegium auf Arbeit, unter Freunden, Verwandten und Bekannten Schaden nehmen könnte. Wo jedem halbwegs vernünftigen Menschen doch die Worte fehlen sollten! Oder, noch eine Spur durchgeknallter, wenn eigene Unsicherheiten, mitunter sogar die innere Abscheu, vor dem Homosexuellen zur kompletten Vermeidung des Themas und damit zur Verleugnung des Nachwuchses führt. Probleme lieber totgeschwiegen werden. Was einen finalen familiären Bruch geradezu dummdreist provoziert, weil Ausschlüsse hartnäckig produziert werden. Die am elterlichen Verstand und der Beziehung zum Kinde massiv zweifeln lassen.

Als ob sich der schwule Sohn oder die lesbische Tochter ihre gleichgeschlechtlichen Präferenzen so spontan ausgesucht hätten wie die quietschbunte neue Farbe auf der Rübe, den rostfreien Ring in der Nase oder das zerrissene

Shirt über der Brust. Um dem Rest der spießigen Sippe womöglich mal kräftig eins reinzuwürgen. Seine sexuelle Orientierung kann kein Mensch so leicht abstreifen wie einen zwei Tage getragenen Schlüpfer. Auch kein heterosexueller.

Ich finde ja, die Sache ist super einfach und einleuchtend: Wenn sie schon tollkühn genug waren, miteinander in die Kiste zu springen, dann sollten beide Erzeuger auch hundertprozentig zu ihrem Produkt stehen. Ganz gleich, ob es nachher als ein Mädchen oder Junge, Homo oder Nichthomo, groß oder klein, schlau oder nicht so super helle, gesund oder mit Einschränkungen auf die Welt kommt. Ist doch das Mindeste, was Kinder von ihren Eltern ohne Wenn und Aber einfordern sollten: Liebe, Loyalität, Lebenshilfe. Stattdessen sehen sich zahlreiche Homo-Kücken in der peinvollen Pflicht, neben dem ohnehin schon schaurigen Coming-out auch noch Aufklärungsarbeit bei ihren Alten zu leisten.

Manche Mamas und Papas sollten vor dem praktischen Bumsen daher dringend eine theoretische Prüfung ablegen, eine Art Lizenz in Sachen Homokunde für eine zeitgemäße Kindeserziehung erwerben. Vielleicht auch einfach mal ein verlängertes Wochenende hoch oben auf dem Wollin verbringen. Meine betagte Nacktbade-Lady wird schon die passenden Antworten geben, da bin ich mir sicher.

Schreckgespenster des „guten Geschmacks"

Unsere sexuelle Identität ist mit den großen menschlichen Dramen verbunden. Aufgeladen mit mehr oder weniger erhitzten Emotionen und zwiespältigen Gefühlen.

Homo ist das bessere Hollywood. Der Stoff, aus dem die Träume, aber auch Alpträume sind. Polarisierend und politisierend gleichermaßen. Wir Schwulen und Lesben sind eine enervierende Minderheit, welche die Masse zum reflektierten Nachdenken veranlasst. Auch im Jahre 2013 noch. Machen wir uns nichts vor. Ohne Außenseiter wie uns würde der Mainstream kolossal stagnieren. Das Bild vom stechenden Stachel im System haut meiner Meinung nach hin. Wir sind als Gruppe der notwendige Gegenpol der gesellschaftlichen Gefälligkeit. Eine Art schlechtes Gewissen unserer Zeit. Schreckgespenster des vermeintlich „guten Geschmacks". Wir sind der Antrieb für menschliche Modernisierung, für emanzipatorischen Fortschritt. Ohne uns wäre aller Leben definitiv ärmer. Davon bin ich überzeugt. Ganz gleich, wie progressiv kosmopolitisch oder kleinbürgerlich-piefig wir individuell sein mögen. Was zählt, sind wir als Gesamtheit. Unsere vielfältigen, sich ausdifferenzierenden Communitys, die den gesellschaftlichen Unterschied ausmachen. Die uns alle bindenden Glieder sind unser Stolz. Unsere, sicherlich etwas übertrieben weichgezeichnete Identität. Und unser Sex – ich nenne ihn an der Stelle mal als kleinsten gemeinsamen Homo-Nenner.

Biologen, Homo-Skeptiker und politische Hardliner haben in der Vergangenheit anhand der Evolutionstheorie des Öfteren versucht, uns Schwule als überflüssig darzustellen. Eine unerträgliche wie unmögliche Mission. Argumentiert wird, dass wir im Sinne der Fortpflanzung kaum relevant seien. Wenn wir die an Anzahl und gemeinschaftlichem Gewicht gewinnenden Regenbogenfamilien mal kurz außer Acht lassen. Aber gut, sollte es tatsächlich einen in der Natur begründeten notwendigen Sinn der Homosexualität geben, dann wäre es für mich das Reflektieren von Systemen. Egal, ob im Tierreich oder unter Menschen. Wir sind der belebende, der bereichernde Sprit für den Esprit.

Unsere Stärken sind Flexibilität, Einfühlungsvermögen und die Fähigkeit zur Anpassung. Worauf will ich hinaus: Ich versuche, den etwas abgehobenen hochmütigen Katalog von vermeintlichen schwulen Superman-Fähigkeiten und Star-Qualitäten, der einen in den queeren Szenen und längst auch im Mainstream gebetsmühlenartig vor die Füße geknallt wird, ein bisschen zu erden.

Noch mal: Würden die gängigen Gay-Klischees stimmen, dann wären wir Schwulen alle überdurchschnittlich begabt. Mit unzähligen Talenten beschenkt. Rhetorische Asse, kreative Macher. Modebewusste und attraktive Männer. Wir wären gewiefte Trendsetter, Querdenker und Karrieristen. Erfolgreich und unabhängig. Tatsächlich eine Art Elite. Die noch dazu ein sexuell hemmungsloses Leben führt.

Was Schöneres kann sich eine Mutter für ihr Kind eigentlich gar nicht wünschen, oder? Ihr Sohn würde einmal einen ausgezeichneten Geschmack besitzen, die halbe Welt bereisen. Einen Haufen Kohle verdienen. Sich unentwegt selbst verwirklichen. Und sich natürlich auch im Bett gnadenlos austoben. Jede Träne, die Eltern beim Coming-out unnütz flennen, würde das umso lächerlicher machen und ad absurdum führen.

Das Konstrukt des perfekten Homosexuellen ist natürlich allenfalls verallgemeinerbar. Ein bewusst entwickeltes Ideal, ein Image, in dem wir uns sonnen können. Nehme man das mal wortwörtlich, würde es zwangsläufig zu Enttäuschungen führen. Wenn man merkt, dass man nicht gerade der hellste Lampion im Lande ist, nicht der Attraktivste und Modebewussteste. Ein allenfalls mäßig Begabter oder gering Verdienender. Dass aus einem kein Gourmet wird, sondern ein Fastfood-verzerrender Fresssack. Als Leitbild für eine ganze Gruppe war und ist unsere schwule Identität jedoch so mit das Beste, was uns passieren konnte. Weil es etwa im Coming-out Argumente lieferte, durchzuhalten, und uns als Randgruppe dabei half, aus der gesellschaftlichen Dreckecke zu kriechen. Überholte Bilder zu entstauben. Darum geht es doch vor allem.

Wenn der Staat als Vorbild versagt

Ich glaube, dass viele Sorgen der Mütter und Väter neben Unsicherheiten und Enttäuschungen darüber hinaus mit veralteten Fotos und Filmen in den Köpfen, mit sehr verschobenen Vorstellungen vom Leben eines Schwulen zu kämpfen haben. Erst seit 20 Jahren ist Homosexualität in Deutschland nicht mehr strafbar – historisch betrachtet ist das ein winziger Schlag mit der künstlichen Wimper. Das Image des kleinen Kriminellen kriegt man so schnell offenbar nicht aus den Bundeshirnen rausgeballert. Wer will schon, dass sein Junge mal auf die schiefe Bahn gerät, sprich, massive Probleme an der schwulen Backe bekommt – wäre in dem Verständnis eine logische, aber leider fatale Schlussfolgerung.

Oder nehmen wir als Beispiel HIV, die Krankheit, die für viele Zeitgenossen doch hauptsächlich mit einem schwulen, da ausschweifenden Lebensstil verflochten ist, verbunden mit einem irrsinnigen Stigma, das selbst hierzulande noch an Aids klebt, obgleich die Infektion inzwischen bei uns sehr gut behandelbar ist. Doch allein die prüde Kette an Assoziationen, wie man sich das dämonische Virus holt, trieft nur so vor moralischen Vorbehalten und Vorurteilen und zeugt von einer infamen, mich manchmal schier ohnmächtig machenden Sex-Feindlichkeit. Natürlich wollen alle Eltern, dass ihre Kids dauerhaft gesund bleiben und sich mit so einer „Seuche" bloß nicht erst anstecken. Dennoch zeugt die pauschal aufgestellte Formel „schwul ist gleich positiv" von mathematischer wie menschlicher Unfähigkeit, die zwar ab und an leider aufgeht, aber als Regel nicht bewiesen ist.

Hinzu kommt der jeweilige Stellenwert, den Homos in einer Gesellschaft genießen, die Diskriminierung und Ächtung, die sie früher viel massiver als heute erfahren haben und in besonders rückständigen Kreisen noch immer erleiden. Nicht zu vergessen eine Bundesregierung, die sexuelle Minderheiten wie uns nach wie vor zweitklassig behandelt und eine restlose Gleichstellung mit allen anderen immer wieder absichtlich verschleppt. Womit der Staat als Vorbild versagt, sich vollends diskreditiert hat, von den gewandelten modernen Realitäten im Lande meiner Meinung nach stehend überholt worden ist. Bloß, was sagt man dann traditionelleren Familien, wenn Homos gesetzlich zwar weiter legitim diskriminiert, aber gesellschaftlich mal bitte schön von allen akzeptiert werden sollen? Da gehen einem allmählich die Argumente aus! Ich meine, bei all diesen Fällen mag das elterliche Kopfkino nicht zwingend den neusten, nüchternen Streifen vom schwulen Standing in unserer Zeit abspulen, sondern permanent Wiederholungen zeigen, die inzwischen längst vergilbt sind.

Und übrigens mischen wir bei der Reproduktion von alten Bildern streng genommen fleißig mit. Wir regen uns zu recht darüber auf, dass im Fernsehen Jahr für Jahr zum CSD die schrillsten Transen und kernigsten Fetischkerle mit den Kameras eingefangen werden. Meckern, dass dabei die Vielfalt unserer Communitys gnadenlos vor die Hunde ginge. Was dem journalistischen Tagesgeschäft geschuldet ist. Einem Arbeiten mit Schablonen. Beim Thema Rente blendet eine bekannte Nachrichtensendung seit Jahren dieselben zwei Alten auf einer Parkbank ein. Schon mal aufgefallen? Und in unseren Homo-Medien greifen wir indes auf die gleichen Mechanismen zurück. Weil das professioneller Standard ist. Oder wenn ein Produkt, eine Party oder was auch immer als möglichst Gay verkauft werden soll, was landet dann garantiert im kecken possierlichen Portfolio? Richtig, irgendein mir fast schon Brechreiz verursachender Regenbogenschnickschnack – oder immerhin ein nackter Kerl mit Muskeln auf dem Flyer, dem Magazin oder auf den Buchdeckeln. Siehe Umschlag.

Lady Liberty vom polnischen Tuckenstrand

Aber das wichtigste Argument für unseren geballten Stolz, für unsere gewachsene Identität, das habe ich bisher frech ausgespart. Was ist der gemeinsame Nenner, der bereits die drei schwulen Helden meiner Jugend miteinander verband? Und der mich nun auch wieder zurück zu dir geführt hat, Lady Liberty vom polnischen Tuckenstrand. Auch 20 Jahre nach meinem Coming-out als Schwuchtel ist Community für mich vor allem eins: eine andere Form von Zuhause. Eine weltweite Heimat. Egal, an welchen Stränden wir überall angespült werden. Ein wortloses Verstehen, sich in den Arm nehmen. Als ich dich alternde Tunte gelassen am anderen Ufer stehen sah, war ich nach einer langen Rundfahrt durch halb

Polen zum ersten Mal daheim gelandet. Ich weiß, dass das alles furchterregend kitschig klingt. So ist das nun mal bei Gefühlen. Vermutlich reden wir deshalb nicht so gerne über sie. Community und unsere Identität sind für mich reine Gefühlssache. Schwer zu erklären. Einmal noch versuche ich es. Weil du es bist, blanke Baronin des Homo-Beaches. Für mich symbolisierst du so ziemlich exakt das, was ich mit unserer furchtbar komplexen wie komplizierten sexuellen Identität eben assoziiere. Sämtliche Fragen des mehr oder minder erquicklichen Homodaseins. Unsere Perspektiven. Freuden. Träume. Ängste. Konflikte. Sowie unsere zermürbenden Zerwürfnisse. All das, was man zu Hause, mit seiner Wahlfamilie, eben teilt und erlebt.

Ich werde allen Freunden empfehlen, bei ihrem nächsten Besuch nördlich des Stettiner Haffs einen Ostsee-Abstecher nach Lubiewo zu machen und dich zu besuchen. Denn ich bin mir sicher, dass du dort am schwulen Strand anzutreffen bist. Entspannt und nackt wie eh und je in den Dünen stehst, mit lüsternem Lümmel in der Kralle.

KAPITEL 2

NEID

Wir müssen überall den Größten haben

Neulich im Stadtpark hatte ich eines dieser Erlebnisse, die mich wieder an meinen in der Szene antrainierten kognitiven Fähigkeiten zweifeln ließ. Ich meine die geschickte Gabe, wie wir untereinander nonverbal kommunizieren. Uns erkennen und zu erkennen geben. Klammheimlich miteinander Kontakt aufnehmen, ohne den Hauch eines plumpen Verdachts zu erwecken, sollte der anvisierte Kerl auf dem schwulen Auge blind sein.

Der kleine Kompass in unseren Köpfen, dessen Nadel bisher noch von jedem Homo im Umkreis von fünf Häuserblocks magnetisch angezogen wurde, hatte bei mir zuletzt immer auffälligere Aussetzer. Die imaginäre Gay-App im Gehirn schwindelt zuweilen gespenstisch. Hat sich meine mobile Flirt-Funktion mit den Jahren verschlissen? Eine Art frühe Dating-Demenz? Nicht auszudenken, mit Ende dreißig!

Es passiert mir in letzter Zeit aber leider häufiger. Selbst bei vermeintlich schwulen Hochkarätern wie jenem attraktiven Mann neulich nahe dem Cruising-Gebiet. Sportlich gekleidet, mit den angesagten paar Streifen auf Shirt und Hose. Entsprechenden Turnschuhen und einer modisch gewagten quietschbunten Baseball-Cap auf der Glatze – dieses schrille i-Tüpfelchen, was hinreichend nach Homo schreit. Dazu ein fusseliger Vollbart, wie ihn sich die Berliner Jungs, diese queeren Karl-Marx-Brothers, seit ein paar Jahren eben stehen lassen, und ein unbekümmertes Grinsen, als sich unsere Augen flüchtig begegneten. Im Grunde ein Kerl, wie man ihn derzeit in sämtlichen Szene-Pubs ohne größere Probleme von den Hockern reißen kann.

Darüber hinaus wippte sein Hintern beim Laufen in jenem typischen Tucken-Takt. Der mich immer an die Po-betonten Sport-Geher erinnert, in deren ultrakurzen Shorts ja auch alles Mögliche rhythmisch hin und her klatscht. Nur sind wir meist etwas runder und geschmeidiger im Gang. Wenn wir über den Kneipen-Catwalk zum Tresen schweben und dabei noch möglichst männlich rüberkommen wollen. Weil wir uns die geglotzte Aufmerksamkeit der übrigen Gäste einbilden. Bis wir schließlich eine schlunzige, schaukelnde Schrittfolge abliefern, die nur Schwule hinkriegen. Ein bisschen zu viel gewollt. Zu gewagt. Vor dem Zapfhahn exakt eine Pirouette zu viel gedreht.

Viele von uns leben nach dem Motto: Jeder Fußweg ist unser Laufsteg. Jede noch so kleine Menschenansammlung unsere Bühne. Genau das Quäntchen Extrovertiertheit strahlte diese sexy Bart-Kappe aus. Und gerade als ich mir überlegte, welche Nummern ich mit ihm gern auf dem Park-Parkett schieben würde, riss mich seine Freundin aus den feuchten Träumen. Küsste und umarmte ihn. Zog ihn beherzt aus der schwulen Gefahrenzone heraus.

Verkehrte Vorzeichen. Denn wiederum, nur kurze Zeit später, zwinkerte mir ein nicht zwingend extravagant bzw. homo-affin ausschauender junger Papa zu, der samt Kinderwagen bereits merklich viele Runden um den

„Tunten-Spielplatz" hier im Stadtpark gedreht hatte, in welchem ich erschöpft durch das Unterholz cruiste. Da dauerte es etwas länger, bis der berühmte Groschen bei mir gefallen war. Gut, aller Mann-Fang ist schwer. Kennt doch jeder. Auch wenn wir Schwulen uns oft für die versiertesten Angler halten und jene sind, die von sich behaupten, die größten Ruten auszuwerfen.

Diesmal aber war es gleich doppelt verwirrend. Wo soll das hinführen, wenn sich Heten immer schwuchteliger verhalten, während unsereins munter den Mainstream in Richtung Mitte der Gesellschaft runterschwimmt? Wer hat am Ende eigentlich wessen Lifestyle zu beneiden?

Aber schlimmer noch: Mein Gaydar hatte an diesem Tag gründlich versagt. Die heile Homo-Welt war ins Wanken geraten. *The bubble*, sprich meine schwule Blase, in der ich relativ selbstbewusst verkehrte, war inkontinent geworden. Was also dagegen tun? Den kleinen Kompass entsorgen und mir in einer dieser Berliner Schwerpunktpraxen ein Mittel gegen Blasenschwäche verschreiben lassen?

Schwuler Lifestyle als Exportschlager

Parks sind für mich neutrale Zonen, in denen die meisten Leute eine vergnügte Zeit verbringen, ohne sich gegenseitig zu stressen. Orte, an denen wir unabhängig von Geschlecht, Gesinnung und gesellschaftlichem Gedöns einigermaßen entspannt entschleunigen. Ich mag Parks, da wir in ihnen körperliche wie auch theoretische Übungseinheiten absolvieren, etwa in Sachen Gender und sexueller Identität perfekt verdeckt ermitteln können. Das heißt, wenn man als schwuler Mann ausnahmsweise einmal nicht entblättert unter einem belaubten Busch hockt, obwohl das sehr praktisch ist, wenn man's wie ich mit der Blase hat.

Damit sich mir die eklatant fortschreitende Normalisierung unter Homos sowie die mich angenehm überraschende, allmähliche Verschwulung unter Heteros plausibel erschließt, krame ich zunächst in Erinnerungen an meine heile Homo-Welt, die sich mir als geouteter Teenager einst schlagartig offenbarte.

Als Kind der späten Siebziger hatte ich das unverschämte Glück, mein Coming-out erst in den zeitigen Neunzigern mit Bravour meistern zu müssen. So konnte ich quasi in ein bereits gemachtes schwules Bett springen, dessen Federn mich regelrecht beflügelten und relativ sorgenfrei durch queere Welten tragen sollten. Meine Aufmerksamkeit galt zunächst ausschließlich dem Ehrgeiz, bei anderen Jungs bestmöglich landen zu können, und weniger etwa dem gesellschaftspolitischen oder auch homo-emanzipatorischen Engagement.

Ich war eben einer dieser schwulen Newcomer der Nachwendezeit, die im euphorischen Strudel des „Everything Goes"-Gefühls den unbegrenzten Konsum des Lebens für sich just entdeckt hatten. Das geheimnisvolle Paket Homo war für mich fortan ein heiß begehrtes Produkt, mit dem ich tiefe Sehnsüchte verband. Weil es damals noch dazu für all das stand, was ich mir unter Begriffen wie Avantgarde, Trendsetting und angesagtem Lifestyle vorstellte. So gut wie alles, was mir halbwegs schwul erschien, galt es daher zu ergattern, zu besitzen und zu bespielen. Wie ich andere Typen um ihre Kleidung beneidete. Um ihre Frisuren. Um ihre Körper, ihre Muskeln. Ihr komplexes kulturelles und schwulenrelevantes Wissen, was für mich seinerzeit schon erstaunliche Ausmaße von

Madonna über George Michael bis zu den *Golden Girls* annahm. Ich neidete schwulen Freunden ihre Eloquenz und Schlagfertigkeit.

Mitte der Neunziger herrschte jedenfalls eine berauschende Goldgräberstimmung in der Szene, schwuler Aufbruch im deutschen Staate. Das hatte natürlich seinen guten Grund. Kurz zuvor war der unsägliche Homo-Paragraf 175 endlich abgeschafft worden, der über 120 Jahre lang schwule Männer nicht nur in die gesellschaftliche Zweitklassigkeit verdonnert hatte, sondern sie gesetzlich zu potenziellen Kriminellen verunglimpfte. Deren unfassbares Vergehen in ihrer schlechthin als anders, abweichend, anormal aufgefassten Sexualität lag. Ich kann das historisch an dieser Stelle nur fahrlässig grob zusammenfassen, will aber verdeutlichen, weshalb die freigesetzten queeren Energien nach dem Ende der Strafbarkeit von Homosexualität so riesig und die Stimmungen so euphorisch waren.

Seit dem Mittelalter hatte es eine schaurige Tradition der Verbote so genannten unzüchtigen Verhaltens in weiten Teilen Europas gegeben, worunter man seinerzeit neben Sex mit Tieren vor allem den Analverkehr verstand. Das mündete in den Sodomiterverfolgungen und konnte mit der Todesstrafe geahndet werden. Wie konsequent und wie viele solcher Urteile tatsächlich vollstreckt wurden, ist aufgrund der mickrigen Quellenlage unklar. Angeblich waren die hiesigen Gerichte weit mehr mit damals ebenfalls strafbaren Delikten wie dem Ehebruch, also Untreue, beschäftigt. Zu einer Zeit, in der ausgerechnet die Kirche die moralische Krone auf dem vergreisten Haupte trug, galt ja selbst Wichsen als eine Sünde.

Der Paragraf 175 des Strafgesetzbuchs stülpte pauschale Vorverurteilungen über Schwule als eine gesellschaftliche Gruppe, was mit der seinerzeit völlig neuartigen Unterscheidung zwischen Homo und Hetero überhaupt erst einhergehen konnte. Wo doch Begriffe für gleichgeschlechtliches Begehren von Pionieren der frühen Emanzipationsbewegung – Leuten wie dem Juristen Karl Heinrich Ulrichs oder Schriftsteller Karl Maria Kertbeny, auf den die Bezeichnung „homosexuell" letztlich zurückgeht – gerade in Umlauf gebracht worden waren. Mit dem Aufflackern schwuler Sichtbarkeit, den einsetzenden wissenschaftlichen Diskursen und ersten veröffentlichten Sex-Skandalen beschloss ein offensichtlich sturzbesoffener Staat, Liebe fortan unterschiedlich zu bemessen und die normabweichende sexuelle Identität unter Strafe zu stellen. Gewissermaßen kroch der Gesetzgeber, mal richtig dämlich formuliert, 1872 hinterrücks in unsere kaiserlichen Gemächer und zog sich erst 1994, vier Jahre nach dem fulminanten deutsch-deutschen Beischlaf, wieder aus unseren schwulen WG-Zimmern zurück.

Bemerkenswert finde ich einerseits, dass die durchweg beschämende Story des Paragrafen 175 – der in der NS-Zeit bekanntermaßen fatal verschärft, nach Kriegsende von einer pubertierenden und prüden Bundesrepublik jedoch nicht entschärft worden ist – Sex mit Tieren und Sex unter Männern juristisch weiterhin in einem Atemzug nannte. Die Passagen zur Sodomie wurden 1969 aus dem Paragrafen gestrichen, ganze 25 Jahre, bevor man sich an die restlose Entkriminalisierung der Homosexualität heranwagte – was die DDR übrigens noch ein Jahr vor der Wende gedeichselt bekommen hatte. Ende 2012 verankerte die Bundesregierung dann neuerliche Verbote des Sex mit Tieren im Tierschutzgesetz. Und zwar weitgehend unbemerkt von der Öffentlichkeit. Einzelne

Kritiker warnten allerdings vor wieder- und überholten Moralgesetzen.

Interessant ist andererseits, dass weibliche Homosexualität bei uns strafrechtlich nie relevant war. Zum Glück für Lesben. Doch offenbarte das auch, dass man sie weder gesetzlich noch gesellschaftlich auf dem Schirm hatte. Was viel über das frühere Bild der Frau sowie ihren Stellenwert in der Gesellschaft verrät und ein Beleg dafür ist, wie denkfaul, selbstsüchtig und vollignorant patriarchale Systeme waren – und wie verkrustet sie teilweise immer noch sind.

Was hat dieser abenteuerlich kurze Ritt durch die Historie nun mit Neid zu tun? Ich glaube, dass sowohl die Kriminalisierung als auch die in etwa zur gleichen Zeit einsetzende Pathologisierung der Homosexualität – als führende Sexualforscher angeborene Ursachen in die hitzige Debatte warfen und über die Psycho-Schiene versuchten, den üblen Paragrafen 175 loszuwerden – zu einer tiefen Traumatisierung bei einer gleichzeitigen Mobilisierung unglaublicher homosexuellen Reserven führten.

All das, was viele schwule Generationen vor mir erkämpft hatten – und ich mir nach meinem Coming-out locker als Gay-Lifestyle reinpfeffern konnte, war das vorläufige Ergebnis eines Emanzipations-Marathons, der sicherlich neben erlittenen Wunden von einem energetischen Maß an Wut zeugte und beschleunigt wurde. Wut, die sich aus gesundem Unrechtsempfinden und verständlichem, positiven Neid speiste. Einem Neid auf gleiche Rechte – die uns verdammt noch mal zustehen – und auf ein anständiges Stück vom Heile-Welt-Kuchen unserer Gesellschaft. Zugespitzt würde ich behaupten, dass wir unter einem „gesellschaftlichen Penisneid" gelitten haben und teilweise noch immer darunter leiden.

An die in den Neunzigern und schließlich heute gängigen Konzepte eines homosexuellen, queeren oder auch trans*-Lebens sowie einer couragierten und vielfältigen Community war zu Ulrichs' und Kertbenys Zeiten bei Weiten noch nicht zu denken. Ganz zu schweigen von dem modernen Konstrukt der westlichen Homo-Identität, das wir seit Jahren mehr oder minder normativ vorgehalten und vorgekaut bekommen. Unser schwuler Lifestyle ist mittlerweile ja selbst zu einem ideellen Exportschlager geworden, der als eine Art Indikator für offene und tolerante Gesellschaften herangezogen werden kann und an vielen Orten der Welt längst einen hohen Wiedererkennungswert hat. Denn egal, wo wir Schwulen uns blicken lassen, in welchen internationalen Szenen und Ställen – den westlichen wohlgemerkt – wir neugierig aufschlagen, wir fühlen uns in der Regel heimisch und verstanden. Was mich früher oft an all die materiellen Kommerzketten erinnert hat, die uns auf der ganzen Welt mit den gleichen gleißenden Leuchtreklamen begrüßen.

Heute würde ich die These einer McDonaldisierung unserer sexuellen Identität bzw. einer gewissen Gleichschaltung unserer Communitys als komplett banal von mir weisen. Pride-Importe wie der Christopher Street Day, die politisch-radikale HIV-Bewegung ACT UP oder das Fetischtreffen Folsom sind nicht nur Belege, dass durchaus Gutes aus Amerika kommen kann. Sondern für mich vielmehr Zeichen einer Grenzen übergreifenden, Staaten und Kirchen unabhängigen selbstbewussten Emanzipationswelle und solidarischen Community.

Ich meine, es ist doch so: Je freier und ungebremster sich soziale Randgruppen in einer Gesellschaft austoben und verwirklichen können, desto hochwertiger und angenehmer ist letztlich auch das Lebensgefühl der Mehrheit. Ganz einfach. Im Wohl seiner Minderheiten spiegelt sich das Glück des Mainstreams. Um das mal pastoral runterzurasseln. Homophobie – selbstredend natürlich auch Transphobie, Rassismus, Sexismus, Frauenfeindlichkeit und alle anderen fiesen Fratzen dümmlicher Diskriminierung und rechtlicher Schlechter-Behandlung – schadet auf Dauer dem Geisteszustand des gesamten Gemeinwesens. Schließlich sind wir doch alle hin und wieder ein bisschen anders, oder etwa nicht? Von daher, immer schön brav zu allen Nachbarn sein, liebe Leute.

Hunde-Facebook und Macker-Fantasien

Genug gegrübelt. Erst mal eine Weile Menschen begucken und belauschen. Ist noch so eine beliebte Beschäftigung, wenn man wie ich den halben Tag im Park faulenzt. Meist erhascht man zwar nur ein paar Fetzen von Passanten. Was mich aber inspiriert, um kleine Dialoge und Storys daraus zu spinnen. Im folgenden Fall hatte ich leichtes Spiel.

„Hunde sehen mit der Nase." Den Satz schnappte ich am frühen Nachmittag auf, als sich ein pummeliges Frauchen mit drei Möpsen und ihre jüngere Freundin, augenscheinlich noch ohne Möpse, miteinander unterhielten. „Gibt also viel zu gucken hier, Jungs", rief die Dame noch, während sich ihre Tiere bereits durch meine Tunten-Gebüsche trollten.

Vierbeiner riechen um ein Vielfaches besser als wir. Dackel haben rund zwanzig Mal mehr Geruchszellen, Schäferhunde sogar vierzig Mal so viele. Das hängt mit der Länge der Nase zusammen. Studien zufolge sollen Menschen mit größerem Kolben im Gesicht denen mit kleineren gegenüber vom Riechvermögen her ebenfalls im Vorteil sein. Andere Kausalitäten sind indes höchst spekulativ und empirisch bisher nicht bestätigt. Von daher, Penisneid? Mitnichten. Nasenneid? Mitunter. Wobei ich schon glaube, dass chirurgische Verlängerungen rein geruchstechnisch zwecklos sind. Und Langnasen nicht mal einem gängigen schwulen Schönheitsideal entsprechen.

Was das Spurenlesen und Fährtenfinden angeht, sind Hunde sicherlich kaum zu toppen. Mit Leichtigkeit erschnüffeln sie, welche Köter sich in den letzten Tagen ihre verlausten Felle an den Bäumen gerieben haben. Wer da wo im Revier seine Notdurft verrichtet hat und vor allem welche Duftmarken entlang des Wegs gesetzt wurden.

Solche Urinproben in der Natur sind eine Art Hunde-Facebook, geben zum Beispiel erhellend Auskunft darüber, wie die bellenden Kollegen aktuell so drauf sind. Ob pudelwohl, mäßig fit oder schon massiv angeschlagen. Und liefern zudem Angaben über Geschlecht, Größe, Reifegrad, Rasse. Und womöglich ferner auch über die sexuelle Orientierung. Warum denn nicht, war wohl wieder zu viel Prosecco im Futternapf?

Anhand der Spuren und Ausscheidungen erfahren sie weit mehr über ihre Artgenossen, als bei uns an sensiblen Daten in die Personalausweise und auf die Plastikchipkarten der Krankenkassen passt. Datenschutz ist etwas, worauf Hunde offenbar noch weniger Bock haben als wir, wenn sie sich zur Begrüßung gegenseitig mit der Schnauze am Hintern den individuellen Stinke-Code scannen. Wobei das manche von uns Schwulen auch gern würden, so sie könnten. Man stelle sich mal kurz die erweiterte Dimension vor, die Cruising hier im Gestrüpp eröffnen würde. Schlagartig hätte sich auch mein Problem mit dem kaputten Kompass gelöst. Aber nein, wir Zweibeiner sind ja ziemlich riechbehindert; verglichen mit den nasalen Fähigkeiten von Hunden tragen wir unseren Zinken im Grunde nur dazu im Gesicht, damit die schmucke Sonnenbrille nicht runterrutscht, wir die ganzen Piercings und Ringe einigermaßen prominent platzieren können und immer zwei Löcher frei haben, durch die wir uns pausenlos Poppers und anregende Pulver reinziehen.

Hätten wir eine nur annähernd so talentierte Spürnase, ich bin mir sicher, wir würden eine ähnlich animalische Form der Kommunikation betreiben. Mal eben an Kleidung und Körper unseres Mannes schnuppern, schon wären wir darüber im Bilde, wo, mit wem und wie vielen er sich am Wochenende amüsiert hat. Und die eifersüchtigen unter uns könnten sich die lästige Mühe sparen, sich aus den Tagebüchern, E-Mails, Textnachrichten ihres Freundes wüste Storys zusammenzureimen. Einmal mit dem Kopf in dessen Schlüpfer getunkt, liefe praktisch auf dasselbe hinaus – und würde nicht ganz so arg das Vertrauen brechen.

Wir kämen dann wahrscheinlich ohne Deodorants und Parfüms aus, da wir uns ja alle sehr genau riechen, natürlich nicht zwingend besser leiden könnten. Der Traum vieler Fetischkerle, die pure Packung Mann in den Armen zu halten, würde so vermutlich wahr werden. Völlig biologisch. Frei von künstlichen Zusatzduftnoten.

Auf einigen schwulen Sexpartys ist das ja längst Bedingung, um Einlass gewährt zu bekommen. Allenfalls männlich miefen. Am besten vorher nur mit Kernseife waschen und sich zum Spülen einen kalten Eimer Wasser über den Kopf kippen. So die typische Macker-Fantasie. Persönlich finde ich frischen Schweiß ebenfalls durchaus ansprechend. Aber bei einem Typen, der mir gefällt. Nicht bei fünfzig nackten Fetisch-Nymphen, die ihre Leiber durch feuchte Fick-Verliese schieben, in denen die abgestandene Luft bald von abenteuerlichen Abgasen und Absonderungen durchzogen ist. Wobei, wo ich gerade daran denken muss ...

Zumindest sollte ich beim Besuch der nächsten Yellow-Facts-Party nicht an die hervorstechenden Fähigkeiten von Hunden denken, sonst bräche vor dem kräftigen Mittelstrahl der mimosenhafte Hypochonder in mir durch. Der mir justament genügend Keime und Krankheiten soufliert, die man in diesem Kontext erwerben kann – was jegliche Lust vermasseln würde. Nein, ich will unmittelbar beim Bumsen nicht an Bakterien und Viren denken müssen! Und überhaupt: Würden wir wie die Köter erkennen können, ob ein Fuckbuddy gesundheitlich angeschlagen ist, führte das nur zu weiteren hässlichen Ausschlüssen in der Szene, die wir spätestens seit den frühen mehrfachbekloppten Stigmatisierungen rund um HIV mal alle schön steckenlassen sollten.

Jenseits sexueller Gelüste bin ich enorm empfindlich, was Düfte und Dünste angeht. Da beneide ich Hunde keinen Deut um ihren hochqualifizierten Rüssel. Nicht nur, dass mir verständlicherweise schlechte, stickige Luft gehörig stinkt, häufig sind es auch die vermeintlichen Wohlgerüche. Wie diese dusseligen Wunder-Bäume in Autos oder jene chemischen Aromawolken in Hotels, die nach jeder Klospülung durch die Kabine niederrieseln. Noch gruseliger finde ich es, wenn Freunde ihre esoterisch verzauberte Bude mit angeblich relaxenden Auroshikha-Räucherstäbchen vernebeln. Dann möchte ich beim Besuch meinen Geruchssinn direkt an der Wohnungstür abgeben.

Im Grunde das gleiche Phänomen, wenn Jungschwuppen vor dem ersten Date den halben Flakon Parfüm über ihre pickelige Visage tröpfeln, um einen besonderen Eindruck zu erzielen. Hab ich früher auch so gemacht, um sicherzugehen, dass der andere von meinem edlen Eau de Sowieso wirklich Notiz nimmt. Ging meist nachhaltig auf, nur anders als erhofft.

Am besten dran sind eh die wenigen Auserwählten, welche ohne kosmetische Kunsttropfen in unserer subjektiven Wahrnehmung herrlich duften. Die könnte man sicherlich darum beneiden. Oder aber sich Hals über Kopf in sie verknallen.

So. Exkursion beendet. Inzwischen hat die etwas pummelige Dame ihre drei Möpse wieder an der Leine und zieht mit ihrer jüngeren Freundin, der noch ohne Möpse, schnatternd von dannen.

Unsere Hippness, unser It-Faktor, unser Sex

Ganze Sippen, halbe Stämme, schwärmen heute an diesem erstaunlich warmen Frühlingstag aus und besiedeln mit ihrer komfortablen Camping-Ausrüstung sämtliche Wiesen im Stadtpark. Eltern, Kinder, Hunde – sowie Lamm für den Grill. Idyllisch. Die letzten Partygäste vom Club nebenan schlafen laut schnarchend ihren Rausch aus, während die ersten Feiernden mit Bierpullen in den Händen schon wieder lustig ihres Weges ziehen. Verliebte robben aufeinander den Hang rauf und runter. Was von älteren Bank-Besetzern mit einem gütigen Lächeln goutiert wird. Und irgendwie finden auch Schwule in diesem multikulturellen Biotop ihren Platz an der Sonne, den sie mit den zeitigen Wärmestrahlen des Jahres nackt genießen. Eine fast trügerischer Eintracht, die klappt.

Und das an einem Familien-Sonntag, mit dem Schwule wie ich früher nur bedingt klargekommen sind, weil der traditionell heterosexuellste Tag der Woche immer jenen verklärten Heile-Welt-Anhängern vorbehalten war. Als Kind durfte man seine Kumpels nicht besuchen, als Jugendlicher konnte man die Zeit nicht mal mit Shopping totschlagen.

Stattdessen sah man seinerzeit viele Ehepaare, die in den schicksten Fummeln aufgetranst waren, repräsentierend durch die Blender-Botanik flanieren – oder, wie sie mit den spiegelblank geputzten Prunk-Karossen durch die Wohnsiedlung protzten. Aus den Kirchen stolperten haufenweise Hochzeitsgesellschaften und im Fernsehen liefen nachmittags diverse Heimatfilme. Rührseeliger Hetero-Kitsch. An solchen Sonntagen wurde mir als noch zu Hause lebender Vorstadthomo nicht nur die massive heterosexuelle Maskerade bewusst, die frisch verputzte Familienfassade, hinter der es sicherlich genauso bröckelte und brodelte wie in allen anderen Familien auch, sondern ferner die eigene Perspektivlosigkeit in den vermeintlich geordneten Gesellschaftsbahnen, aus denen ich wie so viele Small-Town-Homoletten mit 17, 18, 19 möglichst bald ausbrechen wollte.

Die schwule Einsamkeit ist meiner Ansicht nach etwas, das uns später umso mehr antreibt. Der Neid auf ein weniger tristes Leben. Das Nein zu einem gefühlten „Allein unter Heteros" als Teenager. Die insgeheime Hoffnung auf eine halbwegs befriedigende Alternative im Leben. Der nagende Wunsch nach Anerkennung. Sogar für solche schrecklich schrägen Typen, für die wir uns mitunter selbst hielten, da wir den großen sonntäglichen Erzählungen von einst nicht einmal eine bloße Randnotiz wert waren. Kein Wunder, dass solche traditionell heterosexuellen Vorbilder uns in eine zermürbende Sackgasse, in eine erste Identitätskrise, führen konnten.

Noch Anfang der Neunziger mussten wir mit unserer abenteuerlichen Homosexualität relativ alleine klarkommen. Kein Internet. Kaum Leitfiguren. Umso befreiender war vieles, was in diesem schwulen Jahrzehnt folgen sollte. Der gleichgeschlechtliche Kuss in der sonntäglichen Soap *Lindenstraße* – bei dem viele vor der Glotze angeblich noch aufstöhnten. Ich übrigens auch, aber nur deshalb, weil mir weder Carsten Flöter noch Robert Engel gefallen haben. Dann das mutige, muntere Promi-Outing durch Filmemacher Rosa von Praunheim, der Fernsehlieblingen wie Alfred Biolek und Hape Kerkeling aus dem Schrank half. Und die heitere Hella von Sinnen, die als erste Lesbe da freiwillig rauspurzelte. Oder auch der Grünenpolitiker Volker Beck als erster offen homosexueller Abgeordneter im Bundestag.

Als 1994 der Paragraf 175 entsorgt wurde, war der gesellschaftliche Damm, dieser Homo-Bann, gebrochen. Im gleichen Jahr liefen schwule Blockbuster wie *Priscilla – Königin der Wüste* und *Der bewegte Mann* in den Kinos an. Und im deutschen Fernsehen leisteten die Privatsender mit ihren nachmittäglichen Talkshows, die seinerzeit wie Unkraut auf die Mattscheibe schossen, dann ganze Arbeit. Zunächst durchaus als Freaks vorgeführt, tauchten Schwule und ihre Themen dort bald immer selbstverständlicher auf. Vorabendserien kamen um ihren Quotenhomo plötzlich nicht mehr herum. Anfangs mit übertriebenen Klischees beladen, waren es irgendwann überwiegend positive Charaktere, die vor sympathischen Eigenschaften meiner Meinung nach zu stark strotzten.

NEID

Auch wenn es mir die Schamesröte ins Gesicht trieb, war ausgesprochen gut, was in den Neunzigern passierte. Unser Ansehen hatte sich spürbar verbessert. Und vor allem waren wir sichtbarer geworden. Hatten endlich ein paar brauchbare Vorbilder. Richtwerte. Optionen. Schwules Selbstbewusstsein konnte entstehen. Unsere Einsamkeit verschwinden.

Schwul war in der öffentlichen Wahrnehmung beinahe gleichbedeutend mit gutaussehend, geschmackssicher und gebildet. Wir waren eine Avantgarde. Die neuen Männer. Eifrige Scouts zogen durch unsere Szenen und Partys, um sich inspirieren zu lassen. Medien griffen auf Homo-Experten in Mode- und Lifestyle-Fragen zurück. Freundinnen vom Abitur holten sich bei uns Styling-Tipps. Wollten mit uns in der Einkaufspassage gesehen werden, da wir für sie nicht nur Trendsetter waren, sondern selbst gerade schwer en vogue. Schwul war in diversen Kreisen mächtig „in". Die Geschichte mit dem Neid hatte sich in mancherlei Hinsicht umgekehrt. Nicht wir neideten, sondern Heteros beneideten uns. Um unsere Hippness. Unseren It-Faktor. Unsere leicht zu organisierende Sexualität. Sogar um unsere alternativen Lebens- und Beziehungsmodelle bis hin zu unserem erhöhten Männerverschleiß. Wir waren paradoxerweise kundige Ratgeber in Liebesdingen geworden.

Natürlich schmeichelte dieser unerwartete Run auf unseren Lifestyle ungemein. Und selbst wenn sich solche neuen Allianzen auf einen überschaubaren Kreis begrenzten – und wir uns mitunter wie die aktuellen Accessoires der Saison fühlen mussten –, das Ganze färbte schleichend ab, hinterließ natürlich Spuren auch bei Hetero-Jungs. Die metrosexuelle Welle war durch uns ins Rollen gebracht worden. Der feminin aussehende Mann wurde bald als modische Leitfigur entdeckt, von etlichen Schauspielern, Fußballern und Künstlern verkörpert, von der Werbung propagiert und von den Frauen im Privaten auch vehement gefordert. Etwas weichere Kerle mit echten Gefühlen. Und das alles in einer Zeit, als Softie noch als Schimpfwort galt.

Ich glaube, so massiv wie um die Jahrtausendwende mussten Schwule hierzulande nie wieder als ästhetische Vorbilder herhalten. Was uns natürlich nicht nur Freunde eingebracht hat. Und für nicht wenige von uns eher mit einem Wahnsinnsstress verbunden war. Die nüchterne Wahrheit ist: Je akzeptierter wir gesellschaftlich waren, desto träger in puncto Trends wurden wir. Die innere Unruhe ließ mit steigendem Selbstbewusstsein nach. Unser Neid auf das Leben der Anderen schrumpfte zwar einerseits, je besser wir der quälenden Einsamkeit entfliehen konnten. Er griff aber andererseits teilweise über auf das so genannte normale Leben, den Mainstream. Auf einen ruhigen Platz in der Mitte. Die biedere Banalität des Daseins. Danach schmachteten und trachteten letztlich etliche von uns. Was wiederum unser gutes Recht war und bleibt. Wie auch das Recht, weiterhin alternative Wege zu gehen.

Ich persönlich habe inzwischen meinen Frieden mit den Familien-Sonntagen geschlossen. Nicht etwa, weil sie Mogelpackungen sind – Stichwort: heile Welt –, sondern weil sie mit meinen schwulen Sonntagen in fröhlicher Koexistenz harmonieren. So sitze ich im Park und ziehe mir neben Zigaretten die volle Kanne Hetero rein, ohne mich unwohl zu fühlen. Wenn ich jetzt einen Tag hasse, dann den verdammten Montag. Aber das geht wahrscheinlich vielen so. Na, außer den Friseuren. Und da fragt noch mal einer, warum die alle schwul sind!

Die schwule Haarwurzelrevolution

Heute sind es andere Impulse, die mein Schwulsein kicken. Mit fast vierzig jage ich nicht mehr jeder Mode hinterher und, leider, auch nicht jedem Typen. Große Ausnahme bleibt die eigene Figur, verbunden mit der Sehnsucht, sie dem jeweiligen Homo-Zeitgeist so halbwegs anzupassen. Was in der Regel misslingt. Und im Frust allerhand Neid produziert. Muskeln, also jene klumpigen Verhärtungen in den Armen und Beinen und steifen Würsten am Bauch, werde ich mein Lebtag nicht mehr produzieren. Mal darüber nachgedacht, warum es immer noch Waschbrettbauch heißt, wo die meisten von uns Kerlen niemals eines dieser antiken Dinger in eigenen Händen halten werden?

Gerade, als ich mir genüsslich über meinen Waschbär-Bauch streife, huscht ein solcher an mir vorbei. Ziemlich riesig, das Biest. Doch bei genauerem Hinsehen bin ich keinesfalls minder fasziniert.

In Wirklichkeit ist es ein Mann, der obwohl er äußerst spärlich bekleidet ist, so gut wie keine Haut zeigt. Fast nackt und trotzdem gut verhüllt ist. Der solch einen dichten Pelz mit sich trägt, dass er im Winter nicht großartig zu heizen braucht. Vorn und hinten voll dunkler Wolle ist und Flusen hat wie ein Flokati. Nadeln wie ein Adventskranz. Stoppeln wie ein Haufen Stroh. Ich will nicht wissen, wie oft er versehentlich von PETA-Aktivisten angemeckert wird, dieser Mann gewordene Nerz-Mantel. Wäre er ein Schaf gewesen, hätte man ihn jedenfalls längst scheren müssen.

Ich wüsste auch schon, wie er sein Fell fair verteilen könnte. Allein aus den beiden Schulterpolstern und der Rücken-Matte könnte man Echthaar-Perücken für gut und gerne fünf Nachwuchs-Drag-Queens klöppeln und aus dem Rest Körperhaar die dazugehörigen Transen-Trachten gleich mit weben. Wahrscheinlich wären die Frisuren und Textilen darüber hinaus mit seiner herben Duftmarke markiert, was die Attraktivität der Trägerinnen durchaus erhöhen sollte – und den Einsatz teuren Parfüms hinfällig macht.

Eine doppelt queere Kiste also: Kerle, die Frauenkleidung tragen, aber latent nach Macho riechen. Das wäre mal eine einzigartige Designer-Linie: solche aromatisch-herben Haar-Netz-Shirts für Transen, Drags, Boys und Girls. Mit den Slogans „Be a Beast!" oder „Smell the Difference" gewiss der dekadente Renner der Saison. Und all die anderen Fashion-Victims würden vor Neid ergrauen.

An Haaren spalten sich ohnehin die schwulen Geister: Sie kommen meist dort, wo wir sie nicht gebrauchen können, während sie wiederum da ausfallen, wo sie uns schmücken sollten. Blöde Sache. Vielleicht auch eine Art ausgleichende Borsten-Demokratie.

Was beim einen zu wenig sprießt, schießt beim anderen oft ungebremst ins gekräuselte Kraut. Und typischerweise beneiden sich die beiden schwulen Leidfiguren dann noch gegenseitig.

Die Unbehaarten unter uns jammern gern herum, weil sie über einen hauchdünnen, halbstark erscheinenden Ganzkörper-Milchbart nicht hinauskommen und die vermeintliche maskuline Saat in den Haarwurzeln frecherweise nicht aufgehen will. Was hauptsächlich genetische Gründe hat. Wenn man einer Familie der männlichen Nackmulle als Erbe entspringt. Dann kann man sich noch so bemüht gießen, großflächig rasieren oder mit Hormonen zuschütten, in der Hoffnung, aus seinem feinen Flaum ein famoses Fell zu spinnen. Bringt es alles nur bedingt.

Und viele der büscheligen Burschen unter uns beklagen ihrerseits den wuchernden Wildwuchs, der hemmungslos weiter ausufern kann – und oft ohne Aussicht auf frühzeitige Entwarnung ist –, da unsere Hautoberfläche bis ins fortgeschrittene Mannesalter durch die piksenden Halme perforiert und von uns wiederum nachhaltig penetriert wird. Sofern wir dazu neigen, die drahtigen Dinger subjektiv als störend zu empfinden. Dann haben wir im Badezimmer schnell ein neues Hobby gefunden: die Körperenthaarung.

Stundenlang wachsen, scheren, reißen, cremen und rasieren wir uns in den heimischen Badezimmern. Nervige Prozedur. Nur um vom nächsten One-Night-Stand einen Vortrag gehalten zu bekommen, dass er uns mit Fell viel geiler gefunden hätte. Während wir in Brandenburg am Badesee von den dortigen schwulen Nacktschnecken wie die letzten Hinterwäldler-Heten abschätzig betrachtet werden, die vermeintlich noch nie was von schwuler Hygiene unterhalb des Kinns gehört haben.

Da man es anderen eh nie recht machen kann, sollte man eigennützig agieren. Wer seine Fransen auf Titten und Arsch mag, lässt sie stehen, der andere greift eben wacker zum Messer. Und umgekehrt habe ich nichts dagegen, wenn sich Kahlkörper Extensions in die Sackhaare flechten oder Bursttoupets zwischen die Nippel kleben. Trotzdem bleiben mir Leute etwas suspekt, die der Frisur im Schritt mehr Aufmerksamkeit schenken als auf dem Kopf.

Auch wenn ich – aber das ist wirklich geschmäcklerisch – teuren Haartransplantationen skeptisch gegenüber stehe. Die boomen ja momentan wie der Schimmelpilz im hiesigen Hallenbad. Dortmunds Trainer Jürgen Klopp hat sich die Geheimratsecken wegmachen lassen. Genauso wie Unikum Harald Glööckler. Meist entnimmt man dazu ein paar kräftige Büschel am Hinterkopf, wo die Haare am stärksten wuchern. Klappt aber auch mit anderen Stellen. Nur, dass sie dann möglicherweise nicht so lang wachsen oder anfangen, sich zu kräuseln. Je nachdem, wo genau man sie entrissen hat. Bei manchen ist ja in der Vorratskammer an Eigenhaaren nicht viel zu finden. Zudem ist gut möglich, dass ein gewisser Geruch mit umgesetzt wird. Da kann ich nur sagen: Vorsicht, wenn jemand auf einmal kurzes, gewelltes Haar auf der hohen Stirn trägt und ein wenig nach Jungenumkleide riecht. Bei dem dunklen Waschbär hier im Park wäre mir das grad wurscht. Wer wie eine sexy Bestie aussieht, darf auch danach schmecken.

Stark Behaarte sollen auf der Haut übrigens empfindlicher sein, für Reize empfänglicher, habe ich neulich gelesen. Wenn ich mir etwas wünschen dürfte, wäre es ein deutlich verbesserter Tastsinn. Dafür würde ich die Hundenase samt meinem schwulen Kompass in die Tonne treten – und mich letztlich sogar irgendwie mit den schwulen Heten und angepassten Homos arrangieren. Nur auf Möpse kann ich gut und gerne verzichten.

KAPITEL 3

ZORN

Wir treiben uns gegenseitig in den Wahnsinn

Während meines Ostseeurlaubs im letzten Jahr wurde ich unfreiwillig Zeuge eines heterosexuellen Natur-Schauspiels, welches mich nachhaltig beeindruckt hat. An einem mäßig warmen Tag und ziemlich wilden Küstenabschnitt, irgendwo zwischen Warnemünde und Heiligendamm, ertüchtigte sich ein Liebespaar zur Mittagsstunde nach Leibeskräften in den Dünen. Versteckt hinter Sanddorn und Stranddisteln, die auch „Meer-Mannstreu" heißen. Vielleicht wegen der Stacheln. Man konnte die keuchenden, kopulierenden Körper vom Ufer aus erst dann entdecken, wenn man ungefähr auf gleicher Höhe war und dabei womöglich riskierte, eine Strand-Pauke oder gar ein Gruppen-Ticket zu erhalten. Letzteres eher unwahrscheinlich. Dennoch machte ich mich schleunigst aus dem mir zu heißen Sand.

Ich hatte die Landstraße kaum erreicht, als mir ein Kerl entgegenkam, der stolz eine Spiegelreflexkamera mit sich trug. Augenscheinlich jedoch kein Bekannter der beiden war und auch kein Hobby-Ornithologe, der nach Höckerschwänen, Küstenseeschwalben oder Stockenten Ausschau halten wollte. Und trotzdem in Sachen Vögel-Kunde offenbar minutiös den offenen Meerbusen inspizierte.

Ich frage mich, wie solche Typen immer Wind davon kriegen. Kaum sind zwei Menschen mal frei im Freien, liegen deren Spanner den Apparat im Anschlag lästig auf der Lauer. Ob die Mini-Drohnen einsetzen, welche die örtlichen Bade- und Bikini-Zonen aus der Luft scannen? Oder wie Amateur-Paparazzi verdächtig verspielten Paaren bereits von der Promenade aus folgen? Ich meine, das sind doch die wirklich ärgerlichen Blitzer, vor denen die lokalen Radios in den Verkehrsmeldungen warnen sollten. Bin selbst übrigens schon des Öfteren in solche Radarfallen geraten. Erst neulich wieder.

Bei Lichte betrachtet war das wirklich eine kleine Sauerei, was mir vor wenigen Nächten im Darkroom meiner Kneipe widerfahren ist. Und ohne die wütende Reaktion des Typen, mit dem ich da gerade zugange war, hätte ich den Spuk wahrscheinlich nicht mal gerafft. Urplötzlich ging der nämlich in die Luft wie ein China-Böller. Vor lauter Schreck glaubte ich für einen Moment, ihn an der falschen Lunte angezündet zu haben. Aber nein, peinlicher als das.

Wir waren beim Fummeln im Finsteren gefilmt worden! Und zwar nicht nur von einem, sondern überweise gleich von zwei Smartphones! In der typischen Paarungspose. Ohne Hose. Eingepfercht in einer dieser beengenden Bums-Boxen, jenen aus billigen Brettern bestehenden windschiefen Verschlägen, die recht willkürlich miteinander kombiniert in solchen Läden ein Cruising-Labyrinth ergeben.

Als mich die hellen Strahlen der Kameras blendeten, dachte ich zuerst, es wären die Taschenlampen der Tresen-Kräfte, die leere Bierpullen und zu volle Bier-Bullen einsammelten. Nur gehen die Jungs dabei meist dezenter vor. Oder einfach ein paar dreiste Gaffer, die jetzt schon mit ihren Handys Licht machen, um etwas zu erkennen? Anders als früher, da es simple Feuerzeuge auch getan haben. Vielleicht sogar ein besonders unkonventionelles Präventionsteam? Bloß würden die, bei aller Fürsorge und Liebe zum Gummi, so weit dann doch nicht gehen. Und daran, dass an solchen Orten halbwegs flächendeckend Kondome drüber gezogen werden, glaube ohnehin, wer will.

Während ich den Fall verfrüht als harmlos ablegen wollte – schließlich hatten wir banalen Sex, viel gab es dabei eh nicht zu sehen –, ging das Pferd in meinem Partner durch, ohne dass ich davon hätte profitieren können. Ich wollte ihn noch zügeln, zähmen, am Zaumzeug ziehen, da ich befürchtete, der zornige Warmblüter würde die dusselige Darkroom-Deko niederreißen. So wie der schnaubte, wieherte und mit den Hufen scharrte, hätte er die beiden Kameramänner am liebsten mit dem Kopf zuerst durch ein Glory Hole gerammt, sie in den hiesigen Homo-Stallungen angeleint oder ans Andreaskreuz genagelt.

Aufbrausend stieg er ihnen hinterher, riss mich dabei um, stolperte über seine runtergelassene Hose und rutschte zu allem Unglück auch noch auf dem fettigen Fußboden aus. Das hätten die Jungs mal aufzeichnen sollen. Hätte sicher mehr Klicks bei Youtube eingebracht. Doch da waren die längst auf und davon, warfen ihm noch ein „Arschloch!" an den Kopf, was er zu meiner Verwunderung mit einem „Kanaken!" erwiderte, da diese etwas jüngeren Schwuchteln schlicht mehr Farbe im Gesicht hatten als er.

Kanake hatte gesessen. Allerdings mehr bei mir. Auf einen Schlag war der gemeinsame Funken Geilheit verloschen. Unsere Verbindung verloren. Das Betriebssystem Sex runtergefahren. Ständer-bye-Modus.

Mein erster Impuls lautete: Alter, an was für einen derben Spinner haste dich im Dunkeln denn da wieder rangetastet? Ich weiß ja, dass wir Schwulen gern die Sportlichsten sein wollen mit Riesenmuskelbergen und einer schier endlosen Ausdauer auf den Laufbändern des Lebens. Die Attraktivsten mit den angesagten Klamotten der Saison und einer besonders porenreinen Haut. Die sexuell Aktivsten – wie auch Passivsten – mit gedopten Dauerlatten und den meisten Löscheinsätzen akuter Lust-Brände in der Woche. Darüber hinaus noch die Männlichsten, Kultiviertesten und im Beruf Erfolgreichsten. Aber müssen wir beim ewigen Streben nach Superlativen, bei unserem Kompensieren von gesellschaftlich produzierten Missständen und gefühlten Minderwertigkeiten, bei unserem Schnappen nach Macht aus einer Position der Ohnmacht heraus auch die Wütendsten, Brutalsten und Strengsten sein? Am liebsten uns selbst und anderen Randgruppen gegenüber. Kaum zu kapieren. Vor allem dann nicht, wenn man wie ich bereits das eine oder andere Bier hintergekippt hat. Klar. Saufen können wir natürlich auch am besten.

Tiefschläge aus den eigenen Reihen

Kneipen sind die Brandungen des Alltags, seichte Gewässer großer Emotionen, Freuden und Sorgen. Während manche von uns als begnadete Surfer im tosenden Barbereich eine tolle Figur machen, gehen andere selbst im Flachen kläglich unter. Wer hier alleine nicht schwimmen kann, sollte sich nur in Begleitung blicken lassen.

Mein Gaul von eben aus dem Darkroom, der sich sprachlich leider vergaloppiert hatte, konnte sich indes als brillanter Bademeister beweisen. Selbstredend war die Welle der schwulen Empörung über die verbotenen Videoaufnahmen in kürzester Zeit bis nach vorne an den Tresen geschwappt, wo sie dank dem tragischen Helden immer wieder aufschäumte und zu einer Wut-Flut wuchs. Nichts war leichter gefallen, als darüber einen Konsens zu erzielen. Ein echter Aufreger. Trending-Topic beim analogen Twittern. Lautes Schnattern wie bei aufgescheuchten Stock-schwul-Enten. Wer will schon ungefragt zum Filmstar irgendwelcher Amateur-Sex-Seiten im Internet aufsteigen? Als Thumbnail verkleinert jederzeit anklickbar in den heimischen Browsern landen, direkt neben jener inzwischen bekannten Ostsee-Auster, die in den Dünen hinter dem Sanddorn heimlich ihre Perle zeigt.

Gut, jetzt könnte man dagegenhalten und uns eine gewisse Zeigefreudigkeit und damit Scheinheiligkeit unterstellen. Die ausufernde Art, wie wir uns zu präsentieren wissen. Doch darum geht es mir nicht. Wir wollen Herr über unser Bild und unser Image bleiben. Gefälligst gefragt werden, bevor die versteckte Kamera klick macht. Und sei es nur, um die perfekte Popp-Pose einzunehmen. Wir möchten eine Notiz erhalten, bevor das versoffene Partyfoto vom Wochenende auf Facebook mit unserem Namen markiert wird. Eine Frage des Bewusstseins. Ist wie bei den Videoüberwachungen in der Stadt. Warum schweben denn so viele Schwule auffällig graziös über die Bahnsteige, wieso halten sie sich häufig in den Shopping-Malls und vor städtischen Sehenswürdigkeiten auf? Eben. Kann sich der Rest vom Volk gern ein Beispiel an uns nehmen und gleichfalls strahlend-sympathisch über die Beton-Beete bummeln. Ich meine, wäre das nicht irgendwie hilfreich für die gesellschaftliche Klimaerwärmung?

Was das andere Thema betraf, herrschte leider total Ebbe im Lokal. Weder fiel ein Wort über den offensichtlichen Ausrutscher noch über den Migrationshintergrund der beiden Filmleute. War dem Schaumschläger wohl zu heikel. Immerhin. Mich hätte eine hitzige Debatte über derartige Entgleisungen indessen interessiert. Warum fischen wir Homos denn gelegentlich im hässlichen Rassismus-Becken, statt uns am hübschen Regenbogen-Pool zu sonnen?

Interessant an Beleidigungen ist zunächst, dass sie politisch nie korrekt sind – das ist ein Paradoxon schlechthin. Auch dann nicht, wenn wir sie im Affekt ausspucken. Weil wir gerade selbst einen ordentlichen Dreckbatzen an den Latz geknallt bekommen haben und in Gegenwehr meinen, mindestens genauso dirty spielen zu müssen. Dazu eine Waffe aus dem Wort-Arsenal wählen, die möglichst scharf ist, um der Pappnase maximalen Schaden zuzufügen. Das hängt auch damit zusammen, wie stark wir uns von dem Typen verwundet fühlen und wie leicht wir generell verletzbar bzw. erregbar sind.

Je mehr Schwächen wir nun wiederum an ihm ausmachen, desto größer die emotionale Eindringtiefe. Wozu wir gern auch mal durch die Untiefen des Minderheiten-Mobbings waten und pauschal krasse Keulen schwingen. Wenngleich es das primitivste Mittel ist, äußerliche Attribute in plumpe Kraftausdrücke zu packen. Erst recht, wenn sie für eine Gruppe stehen, die in Mitleidenschaft gezogen wird. Insofern kratzt man da ungemein billig und gefährlich am Lack. Und sicher lassen wiederholte Ausfälle dieser Art Rückschlüsse auf den generellen Gemütszustand des Rumgiftenden zu.

Andererseits glaube ich, dass wir aufgrund der eigenen Diskriminierungserfahrung empfänglichere Antennen für vermeintliche Defizite anderer haben. Wie wir umgekehrt oftmals auch empathischer sind als manche Mitmenschen. Was uns als Austeilende mitunter höchst hart und biestig werden lässt – und als Einsteckende wiederum zutiefst sensibel. Wenn wir etwa bei einem dummen Jungenstreich gleich wutentbrannt an die Darkroom-Decke gehen. Ein sehr zwiespältiges Pendeln zwischen den Extremen.

Nachhaltig verletzen können uns nur Nahestehende. Leute, die Bescheid wissen, wie wir so ticken. Lebensgefährten. Liebgewonnene. Leidensgenossen. Lover. Wundert's da noch jemanden, warum wir empfindlich aufheulen, wenn der perfide Treffer aus der eigenen Familie kommt, dem Freundeskreis oder aus unserer Community? Also ein verdammter *low blow* ist!

Solche Tiefschläge kommen meist ohne Schimpfwörter aus. Was es schwierig macht, Beleidigungen zu hierarchisieren. Es wird ja subjektiv eh alles unterschiedlich aufgeschnappt. Der eine beginnt bereits nach einem leichten verbalen Hieb zu bluten, von dem ein anderer nicht mal einen blauen Flecken davon trägt. Während es wiederum bei manchen erst die Summe an Sticheleien ist, die das Fass zum Überlaufen bringt. Wenn ich jeden Tag zu hören bekomme, wie fett ich bin, platzt mir auch irgendwann der Hosenknopf.

Quantitativ und qualitativ ist das alles schwer zu bemessen. Bezeichnen wir Schwulen uns gegenseitig als Schwuchtel, Pussy, Bitch oder Schlampe, juckt das natürlich weniger, als wenn ein Außenstehender den Job übernimmt. Logisch.

Daneben halte ich altbewährte Strategien von Minderheiten, negative Begriffe ins eigene Identitätskleid einzuweben und dann bewusst ins Positive zu kehren mittlerweile für recht begrenzt sinnvoll. Bei „schwul" hat diese Art der Entwaffnung lange Zeit geklappt. Seit einigen Jahren ist es jedoch das meist gefluchte Schimpfwort unter Kindern und Jugendlichen und hat dadurch eine radikale Abwertung und erneute Umdeutung erfahren. Es gilt inzwischen als das Uncoolste und Niederste überhaupt. Nicht so wahnsinnig attraktiv für jene, die gerade im Coming-out stecken.

Insofern weiß ich nicht, ob wir uns immer einen Gefallen tun, wenn wir Schmähungen adoptieren und locker nach links drehen wie bei „queer" und aktuell „Freak" – Looser, Niete oder Opfer wären auch noch frei. Hat was Masochistisches, wie ich finde, aus heutiger Sicht schlicht Anachronistisches. Weil wir einen in der Regel künstlich konstruierten Unterschied illustrierend manifestieren, statt unseren Fokus mehr auf die überwiegenden Gemeinsamkeiten zu legen. Es sei denn, wir einigen uns darauf, das wir Menschen allesamt irgendwie auch Freaks sind. Damit kann ich mich absolut und gerne arrangieren. Und dazu gleich noch mehr.

Emanzipation beginnt am eigenen Arsch

Wenn schon unbedingt eine Sache aufgewertet und positiv besetzt werden sollte, dann doch endlich der Teil, den ich mir seit Stunden in der Kneipe platt sitze. Meinen Hintern. Ohne Scheiß. Unser Arsch ist das am meisten diskriminierte Körperteil. Warum eigentlich? Hat der nicht verdient. An ihn schmiegen sich mit Abstand die gängigsten und garstigsten Schimpfwörter und Redensarten, die fast ausnahmslos mit Gefühlen wie Ekel und Scham spielen. Überaus originell. Wie die geläufige Gleichsetzung mit schwul. Dieses bigotte Igitt, da wir Homos uns halt eindringender mit ihm beschäftigen und auch dazu stehen. Verklemmte Volkstrottel halten uns für die Kloake der Nation. Bedeutet das nun, dass bei jeder mündlichen Anus-Attacke auch ein Häufchen Homophobie in der Verklär-Grube landet? Oder was steckt hinter dem Reichtum an Rektal-Schimpfe wirklich?

Daran kann man sich übrigens ein paar Bier lang aufhalten, bis man die alle zusammen hat. Ich habe das mit einem Bekannten am Tresen mal durchgespielt. Wir kamen dabei zu Thesen, die, der späten Stunde und lockeren Runde geschuldet, zwar popolärwissenschaftlich waren, jedoch so einiges über die Konstruktion von Ausgrenzungen aussagen und uns über jene menschlichen Ausscheidungen verraten, die wirklich stinken und ins fäkale Fallrohr gehören.

Am Arsch lassen sich die gesellschaftlichen Gräben, die uns nach wie vor teilen, grob nachzeichnen. Linke Backe. Rechte Backe. Ritze in der Mitte. All die irrsinnigen Gegenpole, die eine Gemeinschaft eher trennen, denn einen. Männer und Frauen. Feminin und maskulin. Homos und Heteros. Schwarz und weiß. Aktiv und passiv. Und so weiter. Doch ganz gleich wie prall oder schlaff, groß oder klein sie sind: Unsere Backen hängen symmetrisch und gleichwertig nebeneinander im Schlüpfer. Kein Mensch käme auf die verrückte Idee, da einen Unterschied zu machen.

Worauf ich hinaus will: Studien zufolge haben die beiden traditionellen Geschlechter vom Wesen her auffallend viele Gemeinsamkeiten – wie auch Schwule und Hetero oder Schwarze und Weiße mehr eint als trennt. Die überbetonte Differenz zwischen männlich und weiblich ist nichts als eine soziale Konstruktion, die in besonders vergreisten Kreisen heute noch mit der Natur begründet wird, jedoch lediglich dazu dient, klare Macht-Verhältnisse zu schaffen und zu stabilisieren. Indem sie uns Normen vorgaukelt und deren Abweichungen penibel beschreibt und pervers übertreibt, das Andere definiert und so offen diskriminiert.

Im Grunde ja alles nichts Neues. Auf minimalen Nuancen werden ganze Identitäten und Weltbilder gebaut. Auch wir Schwulen bekräftigen ihn und beziehen aus dem mickrigen Unterschied die volle Packung Stolz und Selbstbewusstsein. Aber als eine Reaktion. Aus einer nervigen Position der noch andauernden Ungleichbehandlung heraus. Das macht ja die Absurdität und Abnormität dieses bereits über Generationen hinweg wehenden und wütenden Kampfes um dringend gebotene Emanzipation so transparent. Alle Menschen sind gleich. Wie die zwei Arschbacken. So einfach. Keine Ahnung, warum das manche Voll-Deppen nicht raffen!

Wenn ich nun außerdem sage, dass mich am Gesäß dieser Gesellschaft der Raum dazwischen besonders interessiert. Die Mitte. Der Spalt. Das Loch. Dann mag das schrecklich schwul klingen. Natürlich. Im Übertragenen sind jedoch die vielen Grauzonen und Tabubereiche gemeint. All das, was sich binär eben nicht so leicht abbilden lässt. Auf keine der beiden Pobacken passen will oder kann. Spätestens hier driftet mein bemühtes Bild ins Surreale und Komische ab. Weil ich meine, dass wir alle mehr oder minder „dazwischen" leben. Was unser Geschlecht angeht, unsere Charakterzüge sowieso, unser Aussehen oder die sexuelle Orientierung. Im Grunde sind wir doch alle hier oder da nicht so ganz klar skizziert, sondern mittendrin oder auch direkt am Arsch. Diese Erkenntnis amüsierte meinen Kneipenkompagnon ebenso wie mich, wobei wir auch schon ordentlich einen im Tee hatten. Das muss ich zugeben.

Mit unserer nächsten These wurden wir wieder expliziter. Der Arsch als Lustobjekt, zunehmend entdeckt weit über die schwule Bettkante hinaus. Wir Homos haben kein Monopol mehr – und hatten es wahrscheinlich nie – auf diese so unmittelbar an unsere Identität gekoppelte Variante des Fickens. Bei vielen Heteros gehört der Analsex mindestens zum erweiterten Repertoire. Vermutlich hauptsächlich in den herkömmlichen Rollen praktiziert. Sie von ihm von hinten. Aber auch da verschiebt sich gerade etwas.

Aufgeschlossene Jungs lassen sich von ihren Freundinnen selbstverständlich ab und an genauso mal was reinstecken. Die wären ja komplett durchgeknallt, würden sie sich den Spaß entgehen lassen. Ich meine, 'ne Prostata ist schließlich für alle da. Nicht nur für schwule Kerle. Und selbst unter uns wird das kleine Ding da überm Damm längst nicht abendfüllend stimuliert.

Dabei hilft ein anständig penetrierter Arsch, sich generell zu öffnen. Den ganzen Passiv-gleich-weibisch-Humbug aus den Hirnen zu bumsen. Die damit verbundene marode Mär vom verweichlichten Schwulen. Was für ein Käse. In Wirklichkeit sind die gelegentlich Gefickten doch die wahren Männer. Moderne versatile Kerle, die aus einem reichhaltigen Schatz an Sex-Optionen schöpfen können.

Ich habe überhaupt nichts dagegen, wenn Leute ihren Part gefunden haben. Den Liebesakt nur in einer Stellung genießen. Ihre Lust auf ein paar läppische Zentimeter fokussieren. Zornig macht mich allerdings immer wieder, wenn die eigene Eindimensionalität zum moralischen Maßstab schrumpft, der anderen dreist drüber gestülpt wird. Wenn Leute realitätsfern in die Kerbe der kaputten Klischees hauen und Menschen bar jeder Vernunft und ohne Kompetenz vorverurteilen. Kann man Blödheit in der Gesellschaft eigentlich resetten? All den Ignoranten Entspannungszäpfchen aus den Apotheken andrehen?

Ich würde sicherlich nicht so weit gehen zu behaupten, dass die Emanzipation von Frauen und sexuellen Randgruppen über den bräsigen Hintern von Hetero-Mackern führt, dass Passive die toleranteren Typen sind. Wenn ich mir das hektische Gekeife und oftmals bissige Geschwätz hier in der Homo-Bar anhöre, kann die Theorie nicht hinhauen, auch wenn der Vergleich hinkt. Dennoch glaube ich, dass die Befreiung, Akzeptanz und sexuelle Säuberung des eigenen Auspuffs einen Prozess in Bewegung setzen würde, von dem letztlich alle profitierten.

Auch der Po als solcher verdient definitiv eine gesellschaftliche Aufwertung und Antidiskriminierung. Von unserem Arschloch können wir noch lernen. Da es neutral, sächlich und somit geschlechtsunspezifisch ist. Hoffentlich weiter an Ansehen gewinnt. Schwer in Mode kommt. Und bald weit über die schwulen Horizonte hinausstrahlt.

Wie wir Frust in Worte kleiden

Bevor wir jetzt alle losziehen, um unserem heterosexuellen Nachbarn die Kiste flottzumachen – und statt der üblichen Forderung nach Akzeptanz und gleichen Rechten eine muntere Mission Analverkehr starten, unsere Freundinnen zum Dildo-Shopping überreden, Dehnungsübungen an den Volkshochschulen anbieten und Arschmassagen in das Anti-Aggressionstraining integrieren –, sollten wir vielleicht doch kurz innehalten und uns selbst ein fälliges Update in puncto Toleranz runterladen. So super sauber ticken wir schließlich auch nicht. Und manchmal lenkt der angestrengte Blick über den Tellerrand nur davon ab, wie ungenießbar der Fraß bisweilen ist, den wir uns gegenseitig vorsetzen.

Ich komme darauf, weil ich mich just mit jenem Typen aus dem Darkroom unterhalten habe, der einfach zu heftig auf die dreiste Filmszene reagiert hatte. Inzwischen war die Welle der Empörung längst abgeebbt und Ruhe in die Brandung der Bar eingekehrt. Als ich ihn auf den „Kanaken"-Ausrutscher ansprach, wies er empört jegliche Schuld von sich. Wir seien immerhin die Opfer gewesen. Und Stress hätte man halt meist mit jungen Südländern – wörtlich sagte er „mit diesen Scheißtürken". Als Schwuler werde man so was wohl noch aussprechen dürfen. Meinte er. Und erinnerte mich an jene eklige Kampagne, die vor drei Jahren durch das Boulevard tobte. Als ein hanebüchenes Buch erschienen war, mit dem Berlins ehemaliger Senator Thilo Sarrazin eine oberflächliche Kontroverse zum Reizthema Einwanderung auslösen konnte.

Ich finde unseren mitunter wenig reflektierten Umgang mit anderen Minderheiten ziemlich verzwickt. Zwar müssen wir Schwulen keineswegs die besseren Menschen sein. Kann niemand von uns erwarten. Wie wir auch das Recht haben, mal richtig neben der Spur zu liegen. Kennt bestimmt jeder von sich. Dass man halt einen schrägen Tag erwischt, fluchend durch die Steppe strampelt, sich permanent im Ton vergreift – und das politisch korrekte Korsett daheim im Kleiderschrank vergessen hat. Es einem in dem Moment vielleicht zu eng war oder einfach juckte. Alles menschlich. Doch auch Dampf ablassen sollte gelernt sein und nicht über die falschen Kanäle laufen. Sonst lieber regelmäßig seine Ventile checken lassen, ob die alle noch funktionieren!

Im Grunde sind unsere Kneipen, diese Keimzellen schwulen Treibens, doch ganz gut dafür geeignet, seinen siedenden Kessel wieder auf Normaltemperatur abzukühlen. Entweder spült man ihn runter oder labert sich den Kummer am Tresen von der Seele. Genügt ja oftmals schon, den Frust in Worte kleiden zu können.

Und sollte wirklich mal ein allzu giftiger Tropfen an der Theke lümmeln, bietet so eine Bar ein relativ akzeptables Korrektiv. Dann hat man, anders als im Internet, die Möglichkeit, sofort dazwischen zu gehen. Den ganzen Bullshit abzusaugen und flugs in den Lokus zu kippen, bevor er jemanden damit bekleckert. Das macht auch aufmerksame Barmänner aus. Und couragierte Gäste, die saudummes Geschwätz nicht unkommentiert stehen lassen, sondern Spinnern argumentativ den Wind aus den Segeln nehmen. Wie Buhnen die wütenden Wellen brechen und riskante Wogen glätten, sofern sie über die Ränder des Erträglichen drüberschwappen. Das schwule System Kneipe vermag sich hier weitgehend selbst zu regulieren.

Streng genommen geht es dabei selten astrein p.c. zu. Also, wie denn auch? Wo sonst sprudeln Meinungen derart ungefiltert aus Menschen heraus, die Gehör und Austausch suchen, die erst im Dialog reifen? Mir sind in diesem sozialen Miteinander ja eher Typen suspekt, die in jedem noch so trivialen Promille-Plausch künstlich das große I oder den Gender-Gab einbauen. Meine Freunde und Freundinnen. Schwulenhasser und Schwulenhasserinnen. Mitesser und Mitesserinnen. Die andere gar mit bösen Blicken strafen, die das Sternchen bei trans* vergessen und im Eifer der Debatte auch mal Worte verwenden, die freilich nicht ganz koscher sind.

Ich will nicht falsch verstanden werden. Sprache kann eine ungeheuer brutale Waffe sein. Weshalb wir ein paar No-gos mal schön beachten sollten. Wozu für mich ganz klar Worte wie „Kanake" und „Neger" gehören. Wie auch all die ekligen Schmähungen, die sich unheimlich „kreative" Homos für Lesben oder generell für Frauen haben einfallen lassen. Aber sie darf auch nicht zur Fremdsprache werden. Leute dergestalt verunsichern, dass sie vor lauter Suche nach dem gerade einzig politisch korrekten Begriff ihre eigentliche Botschaft vergessen. Sich schlimmstenfalls aus der Diskussion ausschalten, weil das verschachterte Vokabular ihnen klare Grenzen setzt.

In welchem Maße Isolation und das Gefühl, kein Gehör zu finden, kaum beachtet zu werden – in der Kneipe, innerhalb der Community oder allgemein in der Gesellschaft –, krass nach hinten losgehen kann, zeigt die fatale Weise, wie einige von uns zu soziophoben Außenseitern mutieren, wenn aus Frustration und Resignation blinder Hass wird. Auf sich selbst gerichtet und andere projiziert. Aufgrund ihrer traumatischen kollektiven Vergangenheit und gegenwärtiger Diskriminierungserfahrungen sind Schwule offenbar in einem gesteigerten Maße gefährdet. Umso wichtiger, diese Jungs nicht leichtfertig zu verlieren.

Noch mal: Während man in den schwulen Kneipen vieles an Ort und Stelle handhaben kann, habe ich die wirklich widerlichen verbalen Ausbrüche indes meist online verfolgt. Stümperhafte Shit-Stürme etwa, lawinenartig losgetreten gegen andere Homos, insbesondere auch gegen andere sexuelle wie soziale Minderheiten. Beziehungen werden via Facebook beendet. Leute mitunter unverschämt heftig im Chatroom gedisst. Daneben die an Denunziantentum schwer zu überbietenden Online-

Outings von HIV-Positiven oder seit Neustem von Leuten, die sich mit einer Hepatitis-C infiziert haben. Wenn hinterhältige Seuchenwarnungen vor den Usern X, Y oder Z die chattende Runde machen. Diese Virusinfektionen sind trotz erheblicher Behandlungserfolge nun mal keine harmlosen Tripper-Erkrankungen, sondern mit einem fortwährenden Stigma verbunden, das nicht zuletzt dank solcher moralisch minderwertigen Praktiken verstetigt statt vermindert wird. Ich frage mich, wie gigantisch groß bei einigen der Selbsthass inzwischen ist, weil man pauschal mit der Welt nicht klarkommt, sein Schwulsein immer noch nicht erschlossen hat, unter den vermeintlich geringeren gesellschaftlichen Chancen und Möglichkeiten leidet. Was sich auf Dauer in aggressivem Verhalten gegen sich selbst und gegen andere, schwächer wirkende Personen oder Gruppen richtet. In dem Moment aber wahrscheinlich eine trügerische Form von Genugtuung beschert. An sich alles arme Kerle. Mein Problem damit ist, dass Beleidigungen virtuell doppelt so dolle knallen. Und wir uns leider nicht adäquat dagegen wehren können.

Mehr oder minder kompromittierend getratscht und gepetzt wird selbstverständlich auch in meiner Kneipe. Lästige Kiste. Doch hat man hier Möglichkeiten, besser zu intervenieren, wenn man sich den quakenden Knallfrosch greifen kann und dieser nicht in den weltweiten Wellen anonym über die schwulen Seiten surft und sumpft und feige aus dem Hinterhalt schießt. Zuweilen ist es schier beängstigend, wie deutlich sich manche Kerle im Netz verfangen. Sie weit mehr Zeit im Virtuellen abhängen als auf Barhockern oder in den schaukelnden Slings hinten im Playroom. Bis sie einst den Anschluss an die reale Community verlieren.

Schwule in der Online-Falle

Ein gewisses monotones Geheule und Genöle gehört selbstredend zum nächtlichen Bar-Leben dazu. Wie schwer man bei den sexy Jungs heutzutage landen könne. Weil die ja alle so mega-arrogant geworden seien. Zwar zahlreiche Runden im Darkroom drehten, aber einen nicht mal mit dem Hintern anschauten. Die würden sich noch umsehen, wenn die erst in unser Alter kommen. Und überhaupt, spätestens vor Sonnenaufgang würden sie doch eh alles mitnehmen, was noch halbwegs einen Steifen hat.

Ich kann solch zyklisch wiederkehrendes Gewäsch nur mehr feixend ertragen. Wie ferner das Gewinsel, dass online schuld sei, dass die vielen Locations allmählich ausbluten. Vielleicht haben einige von uns auch schlicht weniger Kohle zur Verfügung als früher für regelmäßige Abstürze oder setzen inzwischen andere Prioritäten im Leben? Soll ja auch vorkommen. Online werden die Chat-Räume mit einem ähnlichen Jammerspiel verstopft. Die Argumente des Frusts gleichen denen aus dem Darkroom. Immerhin loggen sich zu den Stoßzeiten in einer mittelgroßen Stadt mehr User auf den bekannten Portalen ein als Fans Platz in einem Zweitligafußballstadion finden. Von öder Ebbe also keine Spur. Mitunter geht es in den Foren rasanter zu als beim Kicken auf dem Rasen. Dafür ähnlich verbissen.

Für besonders Ungeduldige oder Reizbare unter uns sind die Dating-Plattformen so etwas wie eine winzige Wut-Fabrik, wo die Schwelle zum Ausflippen sagenhaft niedrig ist. Der Tarnung geschuldet. Die reale Person verkriecht sich hinter ihrem Avatar, ihrem per Chat-Profil veröffentlichten Image. Und so wie sich Autofahrer in der Kabine abgeschottet hinterm Lenker aufhalten und aus dieser geschützten Position heraus bei jeder Kleinigkeit einen kolossalen Koller kriegen, vulgäre Flüche durchs geschlossene Fenster brüllen, lassen solche User ihrem ungehemmten Rassismus, Sexismus, Lookismus und allen weiteren gewalttätigen Phobien ihren freien fatalen Lauf.

Erschwerend kommt online hinzu, dass der herkömmliche Internetchat prädestiniert ist für Missverständnisse, Fouls und Regelbrüche. Da vier von fünf Sinnen ja quasi abgeschaltet sind. Wir den anderen nicht riechen, hören, schmecken oder fühlen können. Anders als die Kneipe ist es ein Ort, der ohne jene plakativen Smileys bzw. Emoticons noch dazu völlig ironiefrei rüberkommt. Und daher zu Missdeutungen führen kann.

Zudem prallen nicht nur unterschiedliche Erwartungen bezüglich des Zeitpunkts und des Rahmens eines möglichen Dates aufeinander, sondern kriegen sich User mit oftmals komplett konträren Vorstellungen darüber in die virtuelle Wolle, wie man sich im Umgang gefälligst akkurat und anständig zu verhalten habe. Schnell kippt die akute Lust in allgemeinen Männerfrust. Und wenn man dann noch an einen „Faker" gerät, einen dieser meist harmlosen Spinner im Chat, die das Ganze mehr als Spiel begreifen, weniger als Ort schwuler Selbstdarstellung oder sogar schwuler Selbstverwirklichung, wird der mit Hass-Messages und Blaupausen der angeblich alle User bindenden Benimmregeln zugeschüttet. Regularien, die strenger sind als im wirklichen Leben. Ich verstehe nicht, wie man sich mit solchen Ärgernissen aufhalten kann.

Wieso freche Faker-Pfeifen nicht links liegen lassen wie die Kameraden, auf die wir im Darkroom auch keinen Bock haben? Aber das ist weitaus nicht alles, womit wir unsere Zeit verplempern. Mich nervt jedes Mal, dass manche Jungs in ihren Chatprofilen seitenlang schreiben, was sie alles nicht mögen, statt positive Dinge hervorzuheben. Ich finde, das hinterlässt einen faden Beigeschmack. Vielleicht meine Macke, doch ich stelle mir diejenigen dann natürlich auch entsprechend miesepetrig vor, als personifizierte Dislikes.

„Keine Dicken. Keine Tunten. Keine Opas. Keine Spinner" sind noch die häufigeren Ansagen in den Texten. Auch gern offen aufgelistet: eine wie schon erwähnte krude Ansammlung von moralisch nur so vor sich hin triefenden Aussagen über das „korrekte Benehmen" im Chat. Andere wiederum pflegen ihre Profile so gewissenhaft wie das Blumenbeet im Vorgarten. Sie pflanzen hier und da kleine Gedichte oder Songtexte ein. Umranden diese mit ihren Lieblingsclips aus dem Netz und wässern sie regelmäßig mit aktuellen News.

Nicht zu verschweigen ihre fortlaufenden Galerien, die abwechselnd mit ungemein neckischen Urlaubsfotos, Bildern von possierlichen Haustieren oder günstigen Appartements für Bed & Breakfast verziert sind. Wiederum welche wollen dadurch Eindruck schinden, dass sie eindeutige Pornopics entweder sichtbar im Profil oder per Message ungebeten durch das Netz jagen. Aufnahmen von offenen Scheunentoren oder Pisa-Türmchen sind allerdings nicht jedermanns Sache.

Auf der anderen Seite natürlich gilt: Sex sells. Und wenn man nur lange genug mit der Kamera auf entsprechende Körperteile draufhält, dabei die passende Perspektive wählt und nur ein Minimum an Kenntnissen in Bildbearbeitung mitbringt, wird man irgendwann recht zufriedenstellende Aufnahmen erhalten und sogar mehr zeigen können, als tatsächlich vorhanden ist. Man preist seine Ware entsprechend an und schummelt ein wenig, wenn sie nicht von selbst überzeugt. Wozu verwenden wir all die Pflegeprodukte, Anti-Aging-Tricks, betreiben Fitness und den ganzen Schmu? Um etwas jünger auszusehen, von anderen für jünger gehalten zu werden. Schummeln hinsichtlich des Alters ist einer der häufigsten Sündenfälle im Chat. Mann, warum auch nicht? Lustig wird es für mich immer dann, wenn ich Kerle, die früher mal zehn Jahre älter als ich waren, im Alter eingeholt habe. Die offenbar echten Glückspilze müssen zumindest online auf einen Jungbrunnen gestoßen sein.

Hin und wieder gerät man auch ohne Absicht an seine Dating-Grenzen. Und dabei meine ich nicht die einstmals obligatorischen Bekenntnisse zum Safer-Sex-Verhalten in seinem Flirt-Profil, die oftmals eine Mischung aus artig folgender Homo-Norm, überzeugter Selbstverständlichkeit, aber auch aus Wunschdenken bis hin zur Irreführung waren. Wo manche Jungs, die eben eine andere Angabe machten als „Safer Sex immer" von besonders eifrigen Klugscheißern per Message moralisch angeprangert worden sind. Was sich inzwischen alles ein wenig relativiert hat. Nicht zuletzt dank dem neueren Wissen, dass HIV-Positive unter erfolgreicher Therapie – wenn die Viruslast dauerhaft medikamentös unter die Nachweisgrenze im Blut gedrückt wird – praktisch nicht mehr infektiös sind. Heutzutage gibt es also durchaus eine erweiterte Palette von Safer-Sex-Optionen, die nicht zwingend an das Kondom gekoppelt sind.

Nein, mir geht es aufgrund des Lauerns der politischen Korrektheit um die eigene Unfähigkeit, bestimmten Leuten Komplimente zu machen. Wenn ich zum Beispiel einem attraktiven schwarzen Schwulen sagen will, dass er einen tollen Body hat. Ist das dann eine Art der positiven Diskriminierung? Ganz zu schweigen von expliziteren Komplimenten, die seinen Körper betreffen. Da fühle ich mich hilflos verfangen in der gängigen Klischeekiste.

In einer schwulen Kneipe kann ich solche Sachen leichter klären. Was ohnehin mein bewährtes Mittel gegen den Online-Frust ist: Rüber in die nächste Bar zu latschen, sobald mir das Chatten zu kompliziert oder zu langweilig wird. Was in meinem Falle relativ schnell passiert. Doch auch diese Hybrid-Lösung ist natürlich schon längst wieder überholt.

Heutzutage hocken haufenweise Kids neben mir am Tresen und hören sich nicht mehr zwingend mein dusseliges Geschwafel an, sondern schnattern fröhlich in ihre Smartphone. Sind permanent eingeloggt im Chat. Kippen am Tresen ein Bier hinunter, texten zwischendrin ein paar Messages, beglotzen Männer in echt und in den Profilen. Und ziehen sich auf dem Weg zur Toilette schnell den neuesten Szene-Gossip rein, dort angekommen die nächste Line, und dann wieder zurück an der Bar die notgeilsten Chatprofile. Und sollte es wider Erwarten mal zu fade werden, stürzen die Rotznäsigsten unter ihnen auch mal in den Darkroom und nehmen kleine Clips auf. Von so alten trägen schwulen Säcken wie mir, die hochgestellt auf irgendwelche Amateur-Sex-Seiten im Internet, in bumsender Eintracht mit zwei heterosexuellen Dünen-Darlings von der Ostsee, vermutlich kaum einer wirklich ernsthaft anklicken würde.

Meinen anonymen Sexpartner aus dem Darkroom hab ich übrigens erst im weiteren Gespräch für einen latenten Rassisten gehalten, als er sich tiefer in billigen Ressentiments verstrickte. Und ich leider feststellte, dass sein verbaler Ausfall eben kein Ausrutscher war.

KAPITEL 4

TRÄGHEIT

Kann denn Mainstream Sünde sein?

Aromatisches Aufwachen an einem Samstagnachmittag. Die erste Tasse handgerösteten Bohnenkaffee nett ans Bett gebracht bekommen und einen innigen Kuss von samtenen Männerlippen absahnen. Der Startschuss in ein wunderbares Wochenende. Sich genüsslich strecken und noch mal in die luftig-weichen, latent nach Lavendel duftenden Kopfkissen plumpsen lassen, Pracht-Polstern aus weißen Daunen und Federn, reiner Baumwolle mit besonders hoher Bauschkraft. Wohltuend warme Luft durch die weit offene Terrassentür einatmen, bis tief in die unteren Sphären der Lungenflügel. Dazu dem Sound des Windes lauschen. Bestaunen, wie sich die Nachbarskatze draußen elegant-lautlos an unbescholten vor sich hin trällernde Singvögel heranschleicht. Seinen Kerl sodann zärtlich auf sich raufziehen, um dort anzuknüpfen, wo man vor dem löffelartigen Einschlafen aufgehört hatte. Sich ansonsten tüchtig träge treiben lassen. Bloß nichts tun, wofür man seine komfortable Sieben-Zonen-Kaltschaum-Matratze übereilt verlassen müsste. In solch intimer Idylle fehlte nur mehr eine übers Homo-Himmelbett schwebende Wunderwolke aus winzigen Wattebällchen, die rosafarbenen feinen Feenstaub auf die Alabaster-Bodys niederrieseln. Schon eine schamlos schnulzige Szene wie vormittags in den Daily Soaps und abends in der Kinowerbung. Schlicht zu schön, um schwul zu sein.

Oder etwa nicht? Gibt es so einen perfekten Morgen – wobei der Begriff unter uns ja bis in den späten Nachmittag hinein dehnbar ist – nach der ersten gemeinsamen Nacht wirklich? Ein rundum stimmiges Miteinander-Abhängen selbst nach dem offenbarenden Moment, wenn sich der Schleier der Realität gelüftet, der Rest Alkohol verflüchtigt hat und die Sonne jeden verfluchten Winkel des Zimmers durchflutet? Wir uns ziemlich nüchtern ins ungeschminkte Antlitz gucken. Dieser mitunter hässliche Augenblick der Wahrheit, wenn man nichtssagend nebeneinander an seinem Pott Kaffee nippt. Noch hastig eine raucht. Irgendwas von einem „krassen Kater" faselt und sich schleunigst aus dem Haus-Staub macht. Man gar nicht erst auf die Idee kommt, den anderen um seine Telefonnummer zu bitten.

Wie wir unseren Abgang nach einem One-Night-Stand deichseln, hat halt viele Faktoren. Manchmal ist es besser, sich aus der verdammten Affäre zu verdrücken, bevor der Rausch vollends abgeklungen ist und sich ein blödes Befremden und Unbehagen einstellt. Alternativ ginge auch, gleich durch die anonyme schwule Sexszene zu sumpfen, wo wir es komprimiert auf Körper-Teile komplett personenunabhängig miteinander treiben können. Danach nicht mal „Tschüss" zu sagen brauchen. Wortlos kommen und gehen. Tolle Sache. Mit dem Risiko, sich phlegmatisch daran zu gewöhnen.

Oder man setzt eine andere Toleranz an. Gibt Geschichten auch mal Zeit, sich zu entwickeln. Aber auf die Gefahr hin, dass das manchmal eben gigantisch daneben geht. Wie im folgenden Fall. Wenngleich bei mir die frappierende Faulheit hinzukommt, nachts nicht gern voll durch leere Straßen heimwärts schwanken zu wollen.

Jedenfalls bin ich kürzlich an einem Samstagmittag ähnlich zärtlich wachgeleckt worden, von langer Zunge einmal feucht-fröhlich quer übers verschlafene Gesicht gewischt. Was eines der Dinge ist, auf die ich vor allem morgens gut und gerne verzichten kann. Und es kam noch ärger. Als ich endlich meine Augen öffnen, mir ein Bild machen konnte, kapierte ich, dass die schmatzende Riesenschnauze nicht meinem Lover von letzter Nacht gehörte, sondern einem Hund. Eigentlich einem blaugrauen Groß-Brocken. Nahezu ein Kalb, dem das Wasser im Maul sichtbar zusammenlief. Wie vor dem Laben am leckeren Mark des Knochens. Was für eine absurde Vorstellung! Keine Ahnung, woher dieses dämliche Doggen-Ding plötzlich kam? Ob der mich für sein delikates Lunchpaket hielt – oder gar darauf abgerichtet war, Leute auf diese Art zu begrüßen? Manche Herrchen sollen ja ein besonders vertrautes Verhältnis zu ihren süßen Hundis aufbauen, das über eine simple Fellpflege wohl hinausgeht. Bevor die nächste animalische Kuschelattacke starten konnte, stand ich stracks im Bett, eingehüllt in eine Decke. Ein triefender Zungenkuss hatte für heute definitiv gereicht.

Doch da war die mannstolle Töle zum Glück schon barsch zurückgetadelt worden. Von einem Kerl in lässigem Jogginganzug. An ihn konnte ich mich immerhin erinnern. Nur trug der gestern einen sexy Harness und Chaps aus echtem Nappa-Leder statt der bunten, zu bequemen Bekleidung, die alles Mögliche betonte, nur nicht seinen Körper. Ich finde es immer wieder erstaunlich, wie wesentlich die Wahl unserer Klamotten ist, wie sehr allein eine lotterige Lesebrille unser Image modifiziert. Na, und verwirrend sowieso: In diesem sexuell eher belanglosen Schlunzen-Look legte er nämlich die Schärfe und Bestimmtheit an den Tag, welche mir nachts gefehlt hatte. Als er in seiner prächtigen Fetischkluft zwar wie der Mega-Macker aussah, sich jedoch wie ein zahmes Kätzchen aufführte. Im Grunde herrlich queer, dieser redundante Rollen-Zirkus. Ob ich die Eier hart oder weich haben wollte, rief der jetzt von der Küchenzeile zu mir rüber, da er offenbar Frühstück für uns machte. Auch das hätte er mich mal besser gestern gefragt!

Der Rest ist schnell erzählt. Das schleckende Biest, das auf den Namen Beauty hörte, war vom Lebenspartner meines Gastgebers bereits früh aus der gemeinsamen Wohnung hierher in die Laube gebracht worden. Richtig. Ich hatte in einer dieser städtischen Kleingartensparten zuerst Sex und dann übernachtet. So weit kein Problem. Selbst dass mein wollüstiger Weichzeichner nach dem bösen Aufwachen dank Beautys Auftritt futsch war, fand ich plausibel. Eklatanter war die Vehemenz, mit der das mir an sich sympathische Paar alles signifikant oder vermeintlich Schwule vermied, versteckte, in seiner Datscha verbarrikadierte.

Ich meine damit, dass sich die Jungs im Freien eine mich erschreckende Anständigkeit verpassten, optisch sowie in ihrem ganzen Verhalten und Gequatsche. Das bunte Thema Homo, alles, was nur den Hauch des Privaten hatte, wurde gegenüber den Gartennachbarn peinlichst verschwiegen. Ich dachte erst, das wäre Unsicherheit gepaart mit einer Tracht Trägheit. Merkte aber während meines Aufenthaltes in der 20 mal 30 Meter kleinen Parzelle bald ein käsiges Kalkül dahinter. Integration in diese Kolonie hieß für die zwei, zurück in den Schrank zu krabbeln. Einen gläsernen wohlgemerkt, da sie als Homos längst bekannt waren. Sie wollten es sich mit den anderen hier nicht verscherzen, erfuhr ich. Denen zeigen, wie normal sie seien. So nach dem Motto: Schwule können auch tugendhaft, gesittet und ganz artig sein. Was für sie bedeutete, die hübschen Perversionen des schwulen Alltags nur bei runtergelassenen Rollläden auszuleben.

Was für mich hieß, dass sie öffentlich wiederum eine bigotte Prüderie und unnötige freiwillige Selbstzensur betrieben. Ein hoher Preis für die Pacht im Reich der Gartenzwerge. Im absurden Glauben, so anerkannt statt nur geduldet zu werden. Schade. Zu gern hätte ich mit den beiden auf den Beeten mal hemmungslos den Spargel gestochen.

Wie wir wirkliche Akzeptanz einfahren

Normalität ist etwas Kryptisches, was wir zu Recht für uns einfordern und unbehelligt leben wollen – wie meine beiden Schuppen-Schwuppen. Doch meist wissen wir gar nicht, wie diese komplizierte Kiste jenseits tradierter Konventionen klappen soll. Da wir auf unser schwules Leben dummerweise nicht von klein auf sozialisiert, sondern von der Familie und Gesellschaft hundsmiserabel vorbereitet worden sind. Ich glaube, meist nicht mal absichtlich, vielmehr in fahrlässiger Unkenntnis. Weshalb viele Homos nach dem Coming-out sich zunächst autodidaktisch queeres Wissen aneignen und dann ihr Umfeld aufklären müssen. Da gibt es die Schnell-Checker und Lernfaule. Leute, die keine Lektionen brauchen, und solche, die im emanzipatorischen Unterricht praktisch lebenslang Nachhilfe benötigen. Verständlicherweise hat nun nicht jeder von uns Bock, auf Dauer den notorischen Lehrmeister oder gar moralischen Besserwisser raushängen zu lassen. Stresst ungemein, geht gern mal übel nach hinten los. Und ist zudem eine Frage von Glaubwürdigkeit: Schwulsein heißt ja nicht, dass wir die ethischen Weisheiten mit Löffeln fressen würden.

Nein, was ich für wünschenswert „normal" hielte, wäre ein entspanntes Nebeneinander der vielfältigen Lebensformen. Das klingt ein wenig nach pauschalem Politikergeschwätz. Was ich damit meine: So eine Kleingartenanlage hat Dutzende, von Zäunen und Hecken sauber getrennte Grundstücke. Nichts wäre langweiliger, als würden sämtliche Zellen einander dröge ähneln. Alle das gleiche Gemüse anbauen, den Rasen auf dieselbe Länge trimmen, ihren Häuschen einen einheitlichen Anstrich verpassen. Stupides Copy-und-Paste. Was durchaus noch vorkommt. Und in Maßen okay ist. Sich indes selbst zu verwirklichen, eigene Konzepte zu entwerfen und zu vertreten – auch gegen vermeintliche Widerstände angrenzender Laubenpieper –, erfordert mehr Energie und Rückgrat. Ist aber letztlich exakt das, was die nötige Farbe in jede Gemeinschaft bringt. Nur manchmal dauert es vielleicht eine Weile, bis die Nachbarn das raffen und wertschätzen. Wie ich umgekehrt finde, dass man sein Umfeld nicht unterschätzen oder unterfordern sollte. Wenn Dinge nicht angesprochen oder offen gelebt werden, nimmt man sich die Chance, dafür Akzeptanz einzufahren.

Auf unsere sexuelle Identität übertragen bedeutet dies, sie möglichst unangestrengt „normal" auszuleben, vor allem im eigenen Garten relaxt und frei auszukosten. Auch gegen etwaige räudige Ressentiments von zornigen Zaungästen oder verbalen Hecken-Schützen. Sich jedoch hinter seinen Zierobstbäumen oder Bohnenstangen bequem zu verstecken, hilft keinem der Beteiligten ernsthaft weiter.

Peinliche Rumdruckserei kann Konflikte sogar unangenehm nähren. Gerade in solch traditionellen Gefilden wie den Schreber-Vereinen. Wir werden keine Anerkennung dafür bekommen, wenn wir allen beweisen, wie gut wir inzwischen einen auf hetero machen können, wie angepasst und mittig wir sind, sondern eher dafür, wie selbstverständlich wir in unserem Leben als Homosexuelle aufblühen.

Mit allen Konsequenzen. Für manch einen mag das heißen, da draußen den laut aufheulenden Phrasen-Mäher zu geben, während andere lieber ein Dasein als Schattengewächs führen. Alles okay, solange sie dazu stehen. Unsere Emanzipation hört zwischen Rosenrabatten und Kohlrabi-Beeten für mich jedenfalls nicht auf. Normal schwul leben macht eben Arbeit. In dem Sinne habe ich endlich auch mal diese dusselige Redensart „Nur die Harten kommen in den Garten" geschnallt. Selbst wenn wir dort nur Rhabarber-Cocktails schlürfend an unserem Koi-Teich lümmeln – und das unseren Event-hungrigen Facebook-Followern dann gespreizt als Bio-Großeinsatz verkaufen. Oder wenn wir in engen Pumps und luftigen Sommerkleidern die Bratwürste und Maiskolben direkt mit unseren künstlichen Fingernägeln auf dem Grill wenden. Das lästige Unkraut in knackigen Jockstraps jäten. Mal nackt in die Regentonne springen. Uns beim obligatorischen Skatturnier mit den Vereinsältesten allesamt mit ein paar „Stolly-Bolly" zuschütten, statt des sonst üblichen Herrengedecks, und dabei die besten Sprüche aus *Absolutely Fabulous* klopfen statt den flachen Blondinen-Witzen. Solche Sachen gehören zu unserem Lifestyle dazu. Und könnten allen Seiten Spaß bereiten, sofern wir möglichst offen miteinander verkehren.

Minigolf und Zauberstäbe

„Wir Schwuchteln müssen es immer gleich übertreiben!", höre ich öfters als Einwand. Das fiel auch meinem Fetisch-Fuckbuddy, dem tagsüber Jogginganzüge tragenden Herrchen meiner neuen Knutschdogge Beauty als Erklärung für sein überzeugtes Straight-Acting hier draußen unter dem privaten Pflaumenbaum ein. Wo wir auf weißen Plastikstühlen saßen, hartgekochte Eier und von ihm eingemachte Erdbeerkonfitüre zum Frühstück aßen. Den schmackhaften Apfelsaft hatte er aus hiesigem Fallobst gepresst. Die Gurken und Tomaten frisch vom Frühbeet geerntet. Sogar das Brot war von ihm gebacken, echt Respekt, und mit getrockneten Kräutern aus der letzten Saison versehen worden. Ich durfte mir noch eine lange Liste an Zutaten anhören und fragte mich plötzlich, ob er nicht auch die Eier selbst gelegt hatte?

Seinen Bedenken wollte ich nur sehr bedingt folgen. Homos ihre Exponiertheit vorzuwerfen ist mir ein zu alter Schuh. Davon könnten unsere Tunten locker eine üppige Wiedergabeliste bei iTunes vollsingen. Wie es genauso immer Typen gab, die in Demut dem Hetero-Mainstream hinterherhechelten und pure Panik schoben, dass ihnen die Exzessiveren unter uns das kommode Saubermann-Image versauen würden. Das folgende Beispiel schilderte ich meinem Marmeladen-Macho.

Der Besuch auf schwulen Liegewiesen erinnert mich oft an exquisit gefüllte Fleischtheken. Mit Würsten in allen Größen. Saftigem Schinken. Deftig Geräuchertem und

Dörrfleisch. Hühnerbrüsten und Saumägen. Ferkeln mit oder auch ohne Speckmantel. Sicher nichts für Kostverächter! Anders als in gemischten FKK-Bereichen üblich wissen wir Schwulen außerdem genau, wie wir uns in der Hitze zu räkeln haben und welche Schokoladenseiten es zu zeigen gilt – ein bunter Präsentierteller, der bisweilen tiefe Einblicke in die Materie Mensch gewährt. Halt typisch homo, oder?

Mit den ersten Sonnenstrahlen reißen wir uns alles von den Leibern, was aus Textilfasern besteht. Wir behalten lediglich die mattierten Cockringe aus Edelstahl an, lassen die metallenen Klemmen samt Kette auf unseren Nippeln sitzen und die silikonhaltigen Plugs einfach stecken. Mit der Zeit vergisst man die Gummi-Stöpsel mitunter sogar ganz. Ich habe auch schon Kerle mit plumpen Pumpen beim FKK gesehen, die weder Fahrräder noch Luftmatratzen dabei hatten. Und trotzdem waren die durchsichtigen Druck-Zylinder im Dauereinsatz, dass die Kolben rauchten. Mit so einem hervorstechenden Ergebnis, dass man sich als eher durchschnittlich ausgestatteter Typ seine Shorts verschämt wieder überstreifte. Auch wenn dieser Trick mit dem Zauberstab nie lange anhielt – dann doch lieber einen Platten in der Hose haben. Dass spätestens mit der Sonne jegliche Scham sinkt, viele Köpfe im Schoße ihrer Partner verschwinden, muss nicht groß erwähnt werden. So weit. So schwul. *So what.*

Die spannende Frage wäre nun, ob unsere positive und homopolitisch gewünschte Sichtbarkeit nicht gelegentlich ins destruktive Gegenteil umschlägt? Ob wir mit einem allzu dicken Prinz-Albert am Strand oder zu einladenden Posen den guten Geschmacks-Bogen nicht überspannen? Wenn die Tuntenwiese einer Minigolfanlage gleicht.

Allerhand Zündstoff durfte ich mir in dem Zusammenhang neulich von einem Bekannten reinpfeifen. Wir Schwulen seien schamlos und sexistisch. Noch dazu super kindisch. Führten uns regelmäßig pubertär auf. Nicht wie Erwachsene. Würden unsere Pluspunkte bei den Heteros leichtfertig wieder verspielen. Seien selbst schuld daran, dass wir von der Mehrheit nicht dergestalt heftig geherzt werden, wie wir es wünschten und lauthals einforderten. Wir ruhten uns einerseits auf unseren sexuellen Lorbeeren aus und gäben uns andererseits keine Mühe, die Gesellschaft davon zu überzeugen, dass wir unsere banale Phase hinter uns gelassen hätten – was ich schon wieder komisch fand. Ich meine, man kann das Ganze auch mal von hinten aufziehen: Wenn wir Homos doch angeblich so raffiniert im Trends-setzen sind, steht dem Mainstream seine banale Zeit vielleicht erst bevor?

Interessant ist, dass Vorwürfe dieser Art häufig aus den eigenen Reihen kommen. Mit uns gehen wir besonders streng ins Gericht. In den Disziplinierungsdrohungen schwingen zum einen diverse Verlustängste mit, man könne uns wieder etwas wegnehmen, die mühsam erkämpfte Anerkennung, Liebe oder gar gewisse Rechte entziehen. Dummes devotes Geschwafel: Diese Dinge stehen uns verdammt noch mal zu! Gelten kompromisslos ohne Kleingedrucktes. Da gibt es für mich keinerlei Widerrufsrecht.

Zum anderen mag mit der emsigen Selbstdisziplinierung der Wunsch verbunden sein, als schwuler Mann nicht ständig auf das Sexuelle, nämlich auf das vermeintlich Perverse reduziert zu werden. Und die Hoffnung, dieses Schmuddel-Image nicht ewig zu reproduzieren, sondern endlich mal abzuschütteln. Was auf ein moralisches Dilemma hindeutet und ein Problem mit der eigenen Identität zeitigt. Denn wie viel bleibt von schwul in letzter Instanz noch übrig, wenn man mal den „schmutzigen" Sex rausradiert? Und welche Alternative gäbe es? Ein kontrolliertes Leben als Neutrum? Sozial sterilisiert? Ein Zurück in den geschassten Schrank? Nein, ganz ehrlich, trotz aller sexuellen Potenz, die wir für uns reklamieren, ist es ja nicht so, dass wir uns auf jeder beliebigen Straßenkreuzung oder Shopping-Meile begatten. Auch die schwule Liegewiese ist ein sich selbst einigermaßen regulierendes System, in dem ich noch keine wilden Orgien erlebt habe, wenn sich Heteros, Familien oder Kinder in der Nähe herumtrollten.

Außerdem könnten wir mit Rollkragenpullover und Baskenmütze am Strand sitzen und würden es nicht allen recht machen. Wozu auch? Warum sollten wir andere davon überzeugen, dass wir keine Abartigen, keine Kranken sind? Wem wollen wir damit gefallen und wieso? Vertane Liebesmüh? Sind wir der Gesellschaft gegenüber in irgendeiner Beweispflicht? Fragte ich alles meinen skeptischen Gartenfreund beim Verzehr eines seiner komplett selbstgemachten Erdbeerbrote.

Des Königs Knollennasen und Zwerge mit Zipfelmützen

Ein großer Freund von kleinen Gärten war ich nie. Mir bereitet es nur mäßig Spaß, Kräutern und Knollen beim Keimen zuzugucken. Mich am Boden mit Regenwürmern und Nacktschnecken auseinanderzusetzen. Und mir in der Luft von Scharen an Staren die Süßkirschen wegschnappen zu lassen. Wenn ich beim Malochen eine lächerliche Figur abgeben will, kann ich auch gleich ins

Fitnesscenter rennen. Obst und Gemüse gibt's bei mir im Kiez relativ billig an jeder Ecke. Und zum Chillen fahre ich gewöhnlich zum nächsten Date oder an den See, wo ich ein paar Typen beim Posen oder Pumpen beobachten kann. Garten war in meinen Augen immer etwas für Familien, Kinder und Ältere. Der Inbegriff heterosexueller Gemütlichkeit. Ein Ort konventioneller Entschleunigung und gesellschaftlich subventionierter Trägheit. Emanzipatorische Einöde. Keine Arena für politische Auseinandersetzungen. Weit unten an der Fahnenstange Fortschritt. Inzwischen habe ich die Meinung geändert, vielen Leuten mit oder ohne Laube leider unrecht getan.

Denn Gärten sind zeitlos. Wie Strohhut, Latzhose und Gummistiefel, die wir dort tragen. Gärten sind langsam, aber stetig im Wandel begriffen und immer ein Spiegel der Gesellschaft. Neuere Formen des urbanen Gärtnerns könnten politischer übrigens kaum sein, wenn öde Brachflächen, verkümmerte Verkehrsinseln, verwahrloste Mittelstreifen und verlassene Industriegelände von uns eigenwillig besetzt und eisern begrünt werden.

Auf diese Weise kommt sich die unmittelbare Nachbarschaft wieder konstruktiv ins Gehege. Homo, hetero und sowieso. Jung und alt. Alle Farben, alle Facetten. Was dann von Weitem wie ein begrünter Schrottplatz ausschaut – viele bringen ja Holzkisten oder einen Satz Autoreifen zum Bepflanzen mit –, ist ein moderner *melting pot*. Ich glaube, dass alle Beteiligten da über das gemeinsame Besamen und Beackern ihrer Beete mehr an Integration lernen und leisten als so manch verkopfter Aktionsplan oder sonst wie verkorkster Ansatz. Eine feine Graswurzelrevolution fegt durch die Gemeinden. Und wir halten einfach unser queeres Fähnlein rein.

Garten ist nun mal, auch wenn es noch so trivial klingen mag, was wir daraus machen. Also weg mit alten Bildern in der Birne. So einen Schuppen voller Klischees gründlich zu entmüllen ist harte Arbeit. Vorurteile zu pflegen und darauf rumzureiten macht ab und an Freude, wie ich an dieser Stelle von mir selbst zugeben muss. Wenn ich nur Garten höre, denke ich an traditionelle Kleinvereine. An diese geistigen Zwerge mit Zipfelmützen. Die es natürlich gibt, genau so wie Ralf Königs Knollennasen draußen irgendwo rumgurken, aber trotzdem Stereotypen sind.

Je offener und selbstbewusster wir in so einer Gartensparte unser Ding machen, desto leichter ist nachher das Miteinander. Der Schmelztiegel funktioniert auch hier. Nicht mit jedem, ich meine, wir wollen es nicht gleich ungestüm überspitzen mit der rosaroten Flowerpower, diesem gemeinschaftlichen, geistig-sozialen sich Bestäuben und Befruchten weit über die Koniferen, Kirschlorbeeren und Komposthaufen hinaus. Aber vielen wird es leichter fallen, mit uns klarzukommen, wenn sie uns eine gewisse Erdung in unserem homosexuellen Wahnsinn abnehmen. Das heißt, beim nächsten Subbotnik, sprich Samstagseinsatz, Vorurteile mit einem couragierten Spatenstich auf allen Äckern bewusst umgraben.

Es ist doch wie in vielen Familien, wo seit dem Coming-out der kommunikative Regen-Wurm drinsteckt. Weil beide Parteien sich um das Homothema zäh herumwinden, wie Weinbergschnecken sich in ihr Häuschen verkriechen. Es aus scheinbarem Taktgefühl, Scham oder Schiss vermeiden. Oder zugeknöpft sind wie zu Uromas Zeiten. Wo man sowohl die Eltern als auch den geouteten Sohn am liebsten mal kräftig durchschütteln würde und dazu verdonnern, vor dem Schlafengehen zehnmal

TRÄGHEIT

ein „Schwuler unser" runterzurasseln. Bis man es ohne Naserümpfen aufsagen kann.

Andernfalls reden die Familienmitglieder irgendwann stur aneinander vorbei. Während man sich als Sohn einbildet, keine Relevanz mehr zu haben, weil die brisanten Privatvokabeln nicht so selbstverständlich abgefragt werden wie beim heterosexuellen Bruder. Haben dessen Eltern einen ewigen Konflikt an der Backe: Wie geht man normal mit der Homosexualität des Jungen um, wenn der es offenbar selber nicht packt. Dem nicht konsequent nachzuforschen ist jedoch ebenso träge und tölpisch, wie sich schmollend in seinen gläsernen Schrank zu verziehen. Beides blendet eine höchstrelevante Realität aus und macht auf Dauer niemanden unbedingt glücklicher.

Übertragen wir das mal aufs Erwerbs- und Vereinsleben. Oft jammern wir Schwulen, dass wir in der Kantine allein unter Heteros thematisch gnadenlos absaufen. Uns bei den Gesprächen zu Tisch nicht repräsentiert fühlen, weil man da nicht Homo spricht, sondern die Hetero-Sprache. Um ehrlich zu sein, wenn solche Männer anfangen zu fachsimpeln, sich vom Dachdecken übers Fugenstopfen bis zum Rohrverlegen entlanghangeln, bin ich eigentlich froh, dieses Laien-Latein nicht zu beherrschen. Das Falscheste wäre, jetzt sachkundig zu nicken oder zu glauben, unter Verweis auf eigene meisterhafte Ikea-Montagearbeiten mit dem berühmten Inbusschlüssel das Gespräch bereichern zu können. Dann lieber ganz auf der Gaga-Ebene bleiben und gelegentlich ein unkontrolliertes uriges „Billy!", „Klippan!" oder „Uppleva!" brüllen.

So oder so kein leichter aber letztlich lohnender Job, wenn wir offen den Dialog suchen. Es geht darum, authentisch zu bleiben. Denn noch einmal: Normalität einzufordern ist immer das eine. Sie auch konsequent leben zu können – und natürlich auch genießen zu dürfen –, eine andere, manchmal ganz schön nervige Nummer.

Das Peter-Pan-Syndrom

Die Gärten dieser Gesellschaft durchqueeren. Mir gefällt die Idee, in den Kleinstbiotopen anzusetzen. Uns selbst und den homo-zimperlichen Zipfelträgern von nebenan zu beweisen, dass auch wir fähig sind, ziemlich dicke Kartoffeln zu ernten, die Hecke auf eine waagerechte Linie zu stutzen, den Rasen notfalls mit unserem Langhaarschneider oder der Wimpern-Pinzette akkurat zu zupfen. Was Anpassung bedeutet, das haben Minoritäten wie wir mit der Muttermilch aufgesogen, wieso es hier am Busen der Natur eine der leichteren Übungen ist. Wir beherrschen Integration – manchmal zu perfekt. Daher schnell noch einmal zurück ins Grüne ...

Die Parzelle, in welcher ich in Gegenwart der blauen Dogge Beauty zum Brunchen eingeladen war, liegt zwischen zwei Eisenbahnstrecken, an einem Zubringer zur Autobahn. Erholung im Garten, ohne den Draht zur Außenwelt zu verlieren. Mit dem Auto ist man in wenigen Minuten mitten in der Innenstadt. Geht es bequemer? Und trotzdem hatte ich das Gefühl, dass mein Gastgeber und sein Kerl den Anschluss verloren haben. In einem frühen Alter, beide so Mitte vierzig, wo andere von uns gerade mal ihr Studium abschließen.

Ich meine diesen doppelt doofen Zwiespalt, in dem sie, wie viele von uns, dümpeln. Wir Schwulen machen locker bis 40, 50, 60 einmal die Woche Party, besaufen uns mit Jungs, die unsere Enkel sein könnten. Orientieren uns auch gern an deren Outfits. Tragen Trägerhemden,

TRÄGHEIT

umgekrempelte Hosen und Chucks an den Flossen sowie chic ein Cappy auf dem Kopf. Wagen die gleichen Tänze. Werfen die gleichen Pillen ein. Fühlen uns dadurch jünger. Nennen uns Boys. Die typische Peter-Pan-Nummer.

Wir winseln aber an einem Morgen nach einer heißen Session, dass die böse Gesellschaft schuld daran sei und uns Homos nicht erwachsen werden lasse. Immerhin dürften wir keine Kinder adoptieren, hätten nach wie vor nicht alle Rechte, die uns verdammt noch mal zustehen – völlig richtig – und würden von den heteronormativen Fleischtöpfen allenfalls die knöchrigen Reste abbekommen, so wie Beauty, statt der gleichen Anteile wie Heteros. Was ich für Quatsch halte!

Gut, früher fragte ich das öfter mal, was kommt eigentlich im Leben, nachdem man geheiratet und zwei, drei Kinder gezeugt hat. Seinen Beruf gefunden hat, den man dann brav bis zur Rente ausübt. Nichts fand ich beängstigender als diese Art der Gewissheit, Absehbarkeit, Sicherheit und Vernunft – was ich alles mit dem Konzept des Erwachsenseins verband. Doch zum einen entspricht das Modell Ehe, Kinder, Haus und Hund sowie eine geregelte Arbeit bis zur Pension immer weniger den Lebensrealitäten im Lande. Weswegen ich die Imitation tradierter Rollen, zumindest die unreflektierte Übernahme in unser schwules Leben, für fragwürdig halte. Zwar kapiere ich, dass etliche von uns das gleiche Recht auf ein in meinen Augen biederes kleinbürgerliches Dasein verlangen. So sie das bewusst tun, bewundere ich deren Entschlusskraft sogar.

Zum anderen glaube ich, dass wir beim versuchten Mitschwimmen im Mainstream scheitern, schlicht zu viel Wasser in die Lungen lassen, statt im Freistil flott drauf los zu kraulen. Was ich damit meine: Als Kind hasste ich es, die Kleider der älteren Geschwister aufzutragen – es sei denn, sie kamen von meiner Schwester. Warum also sollten wir Schwulen plötzlich danach gieren, uns die abgetragenen Klamotten der heterosexuellen Gesellschaft anzuziehen? Überholte Modelle aus einer vorvergangenen Saison. Die uns trotz netter Retro-Wellen meist eh nicht passen!

Sind wir zu faul, uns ein eigenes, neuartiges Kleid zu nähen? Ein opulenteres, mit viel mehr Farbe, nach dem dann unsere heterosexuellen Gesellschafts-Geschwister gieren würden? Wir Schwulen sind doch angeblich die großen Designer, Kreativen und Künstler. Das Entwerfen von passgenauen Schnittmustern für alternative Lebenskonzepte dürfte da ein Kinderspiel sein.

Mit anderen Worten: Schluss mit dem Klagen darüber, dass wir kaum adäquate Vorbilder oder Platzhalter innerhalb der Gesellschaft haben oder keine Kinder kriegen können. Die restlose Adoption wird schneller kommen als wir meinen. Und moderne Regenbogen- oder Patchworkfamilien laufen den traditionellen Sippen eh längst den Rang ab. Wenn wir jetzt nicht aufpassen, verlieren wir wirklich das Gespür für den Zeitgeist.

Ferner gibt es für mich keinen Grund mehr zu glauben, dass wir in einer uns bewusst oder unbewusst ausblendenden Gesellschaft dazu gezwungen sind, ein Kind zu bleiben. Das halte ich für lähmendes Lamentieren. Kürzlich sprachen sich mehr als drei Viertel der Deutschen für die volle Gleichstellung von Homosexuellen aus. Wenn wir der breiten Mehrheit eine Modernität in dreister Weise absprechen, sind wir die wahren Rückwärtsgewandten.

Und genug mit den Ausreden, dass wir im Berufsleben unter unseren Kollegen ums Verrecken keine gemeinsamen Gesprächsthemen finden oder peinlichst Teile unserer ach so bescheidenen Homobiografie verschweigen müssen. In den meisten Fällen haben wir das Blatt heutzutage selbst in der Hand – und darüber hinaus, wie ich finde, ohnehin die meist spannenderen Storys auf Lager. Wenn wir wirklich so tolle Typen sind, wovon ich fest überzeugt bin, wird es Zeit, auch im Job aus dem Spind zu kriechen. Und dort die plakativen Pin-ups wenigstens durch Pimmelbilder zu ersetzen.

Auch die schwule Masse ist träge

Jedenfalls will ich keine überholten Muster leben und mich mangels eigener Ideen müßig daran abarbeiten, dass mir der Mainstream keine adäquaten Angebote macht. Wohin das führt, sieht man bei meinen zwei Schrankschwulen hier draußen auf der Gartenbank, die sich im frei gewählten Hetero-Korsett sichtbar unwohl fühlen und noch dazu am angesprochenen Peter-Pan-Syndrom leiden. Selbstredend fiel zu guter Letzt noch der in der Szene so oft formulierte Satz, auf den ich inzwischen Pusteln bekomme: „Wir haben genug gekämpft. Jetzt sollen mal andere ran!"

Stimmt schon, wir Schwulen und Lesben haben in den letzten 30, 40, 50 Jahren die Gesellschaft maßgeblich verändert. Was eine außerordentlich respektable Leistung ist! Aber wäre es nicht fairer und richtiger, hierbei von einigen wenigen Schwulen und Lesben zu sprechen? Ich kenne das Meiste nur aus Erzählungen, will es daher in Form von Fragen formulieren: Wie politisiert waren wir Schwulen, Lesben und Transen in den Stonewall-Jahren als queere Gruppe denn tatsächlich und in den Anfängen der westdeutschen Homobewegung? Wie wuchtig und wütend fielen unsere Proteste während der eklatanten Aids-Krise in den Achtzigern und frühen Neunzigern aus? Haben wir alle bei ACT-UP mitgemacht? Oder ist es nicht immer eine Minderheit innerhalb der Minderheit, die auf Barrikaden geht, während wir anderen uns das ganze erst mal solidarisch im Fernsehsessel angucken und an einer Flasche Bier nippen?

Wie stark engagieren wir Schwulen uns heute in der Politik? Wo längst nicht alles gleichgestellt ist, was rechtlich nun endlich geregelt gehört – und übrigens eine gesetzliche Diskriminierung sondergleichen ist. Was neben einer Mehrheit im Volke ja ein halbes Dutzend jüngerer Gerichtsurteile bestätigt, lediglich die uns Regierenden rigoros begriffsstutzig nicht checken wollen. Wie viele von uns besuchen spontane Protestdemos und Mahnwachen nach homophoben Überfällen oder internationalen Vergehen gegen Menschenrechte in Staaten wie Russland, der Ukraine, Uganda oder dem Vatikan – wenngleich immerhin die jüngsten Äußerungen des Papstes bei einigen Hoffnungen wecken.

Auch die schwule Masse ist träge. Seinen Hintern einmal im Jahr zum CSD schleppen und dann entblößt vom Tieflader zu halten, reicht den meisten offenbar aus. Gut, warum nicht! Ich finde, nach wie vor ist unsere geballte Sichtbarkeit absolut politisch. In den Metropolen genauso wie in den Kleinstädten. Ich meine, keiner kann gezwungen werden, ein wackerer Kämpfer zu sein. Was mich an der leidigen Dauerdebatte, unsere Gay-Paraden verkämen mehr und mehr zu einer Love Parade oder zu Karnevalsumzügen, ab und an eben stört. Unsere Umzüge waren immer auch schräg und schrill. Lange war die reine Tatsache, dass da Tausende Homos, Trans* und andere durch die Straßen feiern, kämpferisch genug. Außer-

TRÄGHEIT

dem haben vor allem die vielen kleineren CSDs nach wie vor einen echten Demo-Charakter, der nicht immer feierlich, aber unglaublich politisiert ist. Und bekanntlich hat man selbst in Berlin mit dem transgenialen CSD oder jetzt mit dem Dyke-March für Lesben und deren Sympathisanten alternative emanzipatorische Paraden.

Mich wundert vielmehr, wie subjektiv schwule Geschichte gern erzählt wird. Wie viele inbrünstig heute von sich behaupten, damals in der Bewegung ein wahres Riesenrad geschlagen zu haben. So geräumig sind die gewöhnlichen Schränke doch gar nicht. Auch die begehrten Bausysteme von Ikea nicht, oder?

In der ostdeutschen Vorwendezeit war es übrigens ähnlich: Auf den Montagsdemos, in Leipzig beginnend, liefen anfangs nur ein paar Hunderte, bald einige Tausend mit. Und erst ganz zum Schluss wagten signifikant mehr Menschen den offenen Widerstand. Als der Drops mehr oder weniger gelutscht war. Die Mär vom Ende der DDR ist rückblickend jedoch eine andere: Jeder Ostdeutsche war angeblich ein Revolutionär – zynisch könnte man die kollektive Bewegung im Volk vielleicht auf das legitime Abgreifen der 100 D-Mark Begrüßungsgeld beziehen, als Hunderttausende DDR-Bürger im Herbst 1989 alle westdeutschen Banken in Grenznähe geradezu befielen.

Ganz egal, ob Homo oder Hetero, die meisten von uns kommen erst dann aus unseren Löchern gekrochen, wenn es nicht mehr viel zu verlieren gibt. Und das ist nicht schlimm, sondern nachvollziehbar träge. Ich würde mich auch in die Kategorie eines vorsichtigen und tendenziell skeptischen Typen stecken. Nachher aber etwas anderes zu behaupten, ist mehr als eine klitzekleine Geschichtsklitterung!

Puh! Genug gemeckert! Jetzt möchte ich endlich mein Brunch hier auf Beautys Farm weiter genießen. Von den selbst eingemachten Konfitüren kosten. Später mit anderen Laubenpiepern am Grill die Würste wenden. Nachts die Verwandlung meines Jogginganzug tragenden Marmeladen-Mackers in eine kuschelige Fetischkatze erleben. Und hoffen, eines Morgens jene schnulzige Szene zu erleben, die man gewöhnlich nur aus den täglichen Fernseh-Soaps oder aus der abendlichen Kino-Reklame kennt.

KAPITEL 5

HABGIER

Wir kompensieren uns zu Tode

Mann, wie schrecklich. Gestern das erste graue Haarbüschel entdeckt. Nicht an den Schläfen, die verlieren bei mir schon seit geraumer Zeit ihre ursprüngliche Farbe. Auch nicht am Bart, der hat ja eh alle möglichen Nuancen, nur nicht die, die ich bisher zu Schopfe trug. Um die Schnauze sehe ich schon aus wie eine Hauskatze mit närrischem Schildpattmuster. Bin also mindestens dreifarbig. Nein, es ist schlimmer als das. Die weißen Strähnen sprießen ungeahnt frech-fröhlich entlang meinem Schlüsselbein und machen sich langsam, aber sicher auf die Socken bis runter zur Brust. Es dauert nicht mehr lange, dann erstrahlt meine einst so stolze dunkle Körperbehaarung im Winterkleid, womit ich wie ein Eisbär aussehen würde. Was weitaus romantischer klingt, als es wahrscheinlich ist. Pech gehabt! Und das mit Ende Dreißig. Immerhin das passende Alter für die erste Krise. Bei uns Schwulen geht so was ja oft schon zehn Jahre früher los, wenn die brutale Zahl 30 in der Lebenstür steht.

Glücklicherweise bin ich nicht der Typ, der wegen solch einer Lappalie gleich Panik schiebt. Laut lachend lehnte ich die kosmetischen SOS-Soforttipps ab, die mir ein guter Freund vorhin hektisch per Telefon durchgeben hatte. Entweder müsse der komplette Pelz ein für alle mal runter, meinte er, oder ich käme künftig um eine muntere Ganzkörperhaartönung nicht mehr herum. „Albino auf den Titten" ginge seiner Ansicht nach jedenfalls gar nicht. Worauf ich ihn besorgt fragte, wer von uns beiden eigentlich eine schwule Krise hätte? Was er mit dem einem Todschlagsatz konterte, der mich immer wieder aus der argumentativen Spur wirft. „Hey, du bist so verdammt hetero!", knallte mir der gute Freund ganz unverblümt an den Latz. Einen Satz, den ich nicht mehr hören kann. Da Majestätsbeleidigung. Echt, eine Unverschämtheit. Zu oft hab ich diesen Spruch in den vergangenen 20 Jahren, seit meinem Coming-out, gesagt bekommen, diesen meinen einen No-go-Ausruf.

Zu hetero also. Das sitzt. Nur weil mein verdammter Kleiderschrank in eine größere Reisetasche passt, in einen dieser robusten Weekender aus leicht genarbtem Rindsleder. Und weil in meinem Badezimmer genau ein Duschgel für alles, von Kopf bis Fuß, bereitsteht. Dort auch keine exklusiveren Duftwässerchen außer einem herben Aftershave aus dem hiesigen Drogeriemarkt rumlungert. Es bereitet mir zudem ein ziemlich geringes Vergnügen, mir mit einer Pinzette die lästigen Härchen in Nase, Ohren oder an den Brauen zu zupfen. Oder mir meine Nägel mit einer gläsernen Pfeile zu formen, die über eine mikrofeine Körnung verfügt. Das Unterlassen solcher Sachen macht einen in den Augen des guten Freundes also zu einer verkappten Hete. Na, danke.

Ich gebe ja zu, dass das einzig Exotische in meinem Kühlschrank bei gar zu nachlässiger Kontrolle eine frische Schimmelkultur auf dem Scheibenkäse ist. Ich bin kein Fan von Obst und Gemüse und stopfe mir nach der

Arbeit allemal lieber Junk Food rein, als in der Küche persönlich die Töpfe und Pfannen zu schwingen.

Vermutlich wirkt das alles reichlich unschwul. Man könnte den Faden munter weiterspinnen. So mache ich mir weder etwas aus einem straffen Fitnessprogramm noch aus dem fröhlichen Shoppen durch Boutiquen und Warenhäuser, was beides zweifellos beliebte schwule Freizeitbeschäftigungen sind. Und wenn ich bei Bekannten zum festlichen Dinner geladen bin, bitte dreimal raten, wer konsequent auf die Champagner-Aperitifs und edlen Weine verzichtet und sich statt dessen ein perlendes Bier geben lässt? Ja und?

Aber okay. Message verstanden. Seit diesem Anruf gerade habe ich die Nase richtig voll. Ich werden jenem Freund und allen anderen beweisen, was für eine mordsmäßige Tunte ich in Wirklichkeit bin. Wie sehr auch ich raffen und gieren, schmausen und im Kauf rauschen kann. Und dass ich keinesfalls so eine hoffnungslos verkeilte, horrend verklemmte Halbschwuchtel bin. Dazu hole ich mir am besten Rat bei einem Analytiker. Macht ja heutzutage jeder Schwule so, der etwas auf sich hält. Also ab auf die berühmte Couch!

Ein Schwarm an Shopping-Schwuppen

Freunde aus Hamburg bequatschten mich bei ihrem letzten Besuch, sie mal ins KaDeWe zu begleiten. Ich hielt das für eine willkommene Abwechslung, zwischen all den Dates und expliziten Motto-Partys, derentwegen sie alle paar Wochen munter runter nach Berlin reisen. Wie so viele Homos aus der Hansestadt. Die anderthalb Stunden Eisenbahnfahrt hierher ist ja inzwischen der reinste Sex-Transfer.

Nun muss ich zugeben, dass ich die schwulen Ausmaße des als kurzweiligen Abstechers angedachten Streifzugs durch das altehrwürdige First-Class-Kaufhaus am Wittenbergplatz unverschämt fahrlässig unterschätzt hatte, da ich mich an meinem vergleichsweise verkümmerten eigenen Verhalten orientierte. Eine knappe Stunde, so meinte ich grotesk naiv, seien hoch angesetzt für den Einkaufsbummel. Ein Pott Kaffee und Stück vom Blechkuchen in einem der Homocafés unweit des Kommerz-Tempels dabei inklusive.

Aber die von mir kühn anvisierte Zeit war längst abgelaufen, da sich meine Jungs noch immer im Erdgeschoss, Abteilung Beauty & Parfum, vergnügt tummelten. Und mit ihnen ein ganzer Schwarm an Shopping-Schwuppen. Ich meine, man kennt das ja samstagnachmittags aus den innerstädtischen Baumärkten und weltbekannten Einrichtungshäusern sowie von den vielen belebten Märkten in den schwulen Vierteln. Wo die Homoquote in ungeahnte Höhen schießt. Man die Rest-verstrahlten Tresen-Kumpels von letzter Nacht galant zu einem Katerfrühstück einlädt, zum gemeinsamen Verzehr von Bio-Produkten aus der Region.

Dort ist man immerhin kurz an der frischen Luft und geht schließlich mit dem tröstlichen Gefühl wieder nach Hause, nicht den kompletten Tag seinen tosenden Rausch im Bett ausgeschlafen zu haben.

Alles andere als natürlich wirkte auf mich hingegen die künstliche Welt der synthetischen Düfte, in der meine Hamburger ähnlich aufblühten wie meine beiden Neffen neulich im Legoland am Potsdamer Platz. Der schwule Spieltrieb war geweckt. Die Faszination augenscheinlich immens. Es wurde ungeniert ausprobiert und konsumiert. Alles Markenartikel natürlich. Duschgels, die locker zehn bis zwanzig mal so viel kosteten wie meine üblichen Shampoos und Pflegeprodukte im Badezimmer. Dazu edle Parfums, Cremes, Schminke. Mir wiederum, dem bei jedem Schritt durch dieses stinkende Stockwerk ein anderer von gefühlt Tausenden Gerüchen kostbarster Wässerchen in der Nase schmerzte, fehlte es leider an Überzeugungskraft, meinen Besuch alsbald davon loszureißen.

Stattdessen hatte der eine mit seinem Smartphone soeben einen Termin für eine Shiatsu-Massage im hiesigen Wellnessbereich vereinbart, während sich mein zweiter Bekannter an einem der Counter nach einem freien Platz für eine erholsame Facial-Tiefenentspannung und weitere „Special Treatments" erkundigte, die ansonsten angeblich nur in Fünf-Sterne-Hotels angeboten werden würden, wie er mir stolz berichtete. Nach dem Preis traute ich mich da schon gar nicht mehr zu fragen.

Als halbwegs toleranter Gastgeber ließ ich ihnen die Freude im höchst einfältigen Glauben, dass das Kapitel KaDeWe danach für sie endlich abgeschlossen wäre. Doch weit gefehlt. Inzwischen hatten sich die Jungs eine umfangreiche Liste erstellt, welche Abteilungen nach der Ruhepause abgegrast werden mussten. Herrenmode und Accessoires in der ersten Etage, Lederwaren und Sonnenbrillen in der dritten, Geschenke in der vierten, Multimedia in der fünften und vor allem die Feinschmecker-Abteilung in der sechsten Etage. Und dort als krönenden Abschluss die berühmt-berüchtigte Austernbar mit einer wahren Traumquote an schmatzend-schlürfenden Schlemmer-Tunten.

Mir war beim Zuhören schon schwindelig geworden. Bei der entschleunigten Weise des hanseatischen Einkaufrauschens befürchtete ich, den kompletten Tag hier drinnen verbringen zu müssen. Womöglich die kommende Woche noch. Ich fragte mich, inwiefern man schwerst Shopping-Süchtige am Abend eigentlich aus den heiligen Hallen rauspeitschen muss? Welche menschlichen Dramen sich da kurz vor Toresschluss abspielen mögen? Weil die luxuriösen Konsum-Junkies für ein paar lächerliche Stunden der Nachtruhe ihren Warenwahn entbehren müssen. Solche Handelsabhängigen, die es mit dem Taxi gerade mal bis nach Hause schaffen, um ihren Rausch wenigstens im Online-Shop weiter auszukosten. Oder lässt man ihnen am Ende heimlich eine Hintertür offen? „KaDeWe-Nuit" nur für Superreiche, für Kommerzkranke? Als eine Art Methadon-Substitution, um auch nachts an exklusive, neue Stoffe ranzukommen?

Einkaufen hieße Genießen, hörte ich plötzlich die Hamburger Jungs sagen, die mich aus meinen Spinnereien rissen. „Sich treiben und eben nicht stressen lassen." Mir erschien das alles so verdammt surreal. Dieses Setting. Diese Preise. Diese Selbstverständlichkeit der Verschwendung. Weit weg von meinem eigenen Leben. Ich weiß, dass viele Schwule Shopping zelebrieren. Den Kurfürstendamm in Berlin, die Königsallee in Düsseldorf, die Maximilianstraße in München oder am Neuen Wall in Hamburg entlangflanieren, sich gegenseitig oder mit ihren besten Freundinnen bisweilen in einem regelrechten Wettlauf um die begehrten Schnäppchen übertreffen.

Marken konsequent tragen, aber möglichst günstig erstehen wollen, darum geht es uns doch. Habgier als beliebtes Hobby. Dazu gehört nicht nur der schnöde Besitz, sondern vor allem das Tragen und Zeigen. Wenn andere den exquisiten Lumpen an uns bemerken und bestaunen

– solch ein Feedback von der Straße kann richtig süchtig machen. Das erfordert jedoch vollen Körpereinsatz, wenn wir etwa die Lange Reihe in Hamburg im tüchtigen Turnus rauf und runter klappern. Da öfter verkehren als der Linienbus, wir nutzen die belebte Café-Meile quasi als unseren Laufsteg. Auf die Weise präsentieren einige von uns eine zu jeder Jahreszeit, monatlich, mitunter sogar wöchentlich nahezu perfekt geputzte Fassade, die in einem jeweils neuartigen Farbton bzw. Anstrich erscheint. In meinen Augen handelt es sich dann schon um markante Mode-Messys, die Anerkennung über ihr scheinbar monetär mühelos aufgehübschtes Äußeres offenbar bitter nötig haben.

Mich selbst interessiert das wie gesagt alles nicht die Bohne. Im Gegenteil. Sobald ich mir einbilde, dass mich zu viele Typen in den schwulen Straßenlokalen anglotzen, fange ich garantiert an, unruhiger zu gehen. Zu hinken. Zu humpeln. Zu huschen. Da könnte ich noch so fesche Fetzen tragen. Peinlich unschwul wirkte das!

Für mich ist Einkaufen ohnehin keine Form der Befriedigung, kein lustiges Lebensgefühl, kein Ersatz für andere Gelüste, sondern in der Regel eine banale Notwendigkeit. Keine Passion. Kein Event. Schlicht nichts Besonderes. Meine Wohnung hat sich seit Studententagen möbeltechnisch nicht wesentlich verändert, und Kleidung hat bei mir durchaus die Chance, die laufende Saison zu überleben. Was mich in meinem Wohnbezirk Neukölln mitunter in die paradoxe Lage versetzt, dass ich in meinen Klamotten zwischen all den queeren Hipstern gelegentlich unverhofft als „vintage" angesagt gelte. Wenn man dort gerade jenen Retro-Schlunzen-Look trägt. Nein, das Tolle an Berlin ist die unbeschränkte Freiheit des individuellen Fummels.

Meine Hamburger Besucher, die bestimmt keine billigen Poser, sondern pure Genießer sind, die sich qualitativ Hochwertiges gönnen und auch leisten können, waren dankenswerterweise am Ende schneller mit ihren Marathon-Einkäufen fertig als von mir befürchtet. Mit zwei Papiertüten an jedem Finger ging es schließlich zusammen zum Taxistand, zu mir nach Hause und erneut zurück in den Homokiez, wo wir uns die nächsten Drinks bestellten.

Unser Körper als Statussymbol

Gegen eine latente Shopping-Phobie wie in meinem Fall wird mir kein Psychologe der Welt ernsthaft eine konstruktive Gesprächstherapie andrehen. Zumal ich darunter ja nicht mal leide. Eher mein Freundeskreis, der die Allüren ertragen muss. Ich stehe zu meinen pathologischen Kauf-Quickys. Einen Laden betreten. Mir binnen Sekunden einen Überblick über das Angebot verschaffen. Zielsicher mal hier, mal da zugreifen. Wenn nötig – ich besorge mir eh Waren von der Stange – zur Sicherheit einmal kurz drüberziehen. Passt. Zahlen. Gehen. Manche von uns führen sich in den Kneipen ja nicht viel anders auf, wenn sie jemanden abschleppen wollen.

Aber noch mal: Sich permanent mit den neusten Produkten einzudecken, unterstreicht und symbolisiert natürlich den eigenen Status. Unsere Gier nach Marken, unser Gespür für Trends sind oft eng verbunden mit dem Verlangen nach Anerkennung, nach Respekt, nach Macht. Anderen zeigen, dass man es trotz vermeintlich widriger Umstände geschafft hat, sich all diese Dinge leisten zu können. Man wird als Homolette von der Gesellschaft zwar längst nicht gleich behandelt, doch dafür hat es das Leben mit einem doppelt so gut gemeint.

Ob das immer so hundertprozentig der Wahrheit entspricht, ist eine völlig andere Kiste. Notfalls blendet man sein Umfeld und sich selbst ein wenig. Ich kenne etliche Leute, die zu Beginn des Monats stets ihr Geld auf den Kopf hauen. Den Dispo sadistisch bis auf den letzten Tropfen ausquetschen. Zwei Wochen lang wie Besessene konsumieren und das Leben ausgiebig zelebrieren. Dann den Rest des Monats daheim Spaghetti mit Tomatensoße fressen müssen. Solange, bis wieder Kohle auf dem Konto ist.

Wie genau hingegen all jene Typen ticken, die tatsächlich fulltime einen gehobenen Status leben, den sie nach außen mehr oder weniger genau verkörpern, kann ich leider nicht beurteilen. Die wenigen wirklich Reichen, die ich kenne, sind wie meine Hamburger Jungs super entspannte und sozial verträgliche wie auch engagierte Zeitgenossen, die mitunter eine feinere Sensibilität in Fragen des gemeinschaftlichen Miteinanders aufbringen als diese plakativen Poser und Blender, jene Möchtegern-Mitspieler in den Casinos der Wohlhabenden, die zuweilen ein gesteigertes Interesse daran verfolgen, sich nach unten klar abzugrenzen. Das ist für mich die wahre Habgier, aus der in meinen Augen immer auch eine komplexe Verzweiflung klagt.

Wir Schwulen haben darüber hinaus frühzeitig kapiert, dass Statussymbole durch Konsumieren allein bei Weitem nicht erschöpft sind. Und modische Klamotten, Accessoires oder generell unser Besitz nur einen immerhin großen Teil der erwünschten Bewunderung versprechen. Den Rest holen wir uns über einen perfekt getunten, sexy definierten Körper rein, indem wir großflächig Muskeln aufbauen, sie wachsen und sich erhärten lassen. Uns solange in den Fitnesscentern an den Geräten des Grauens schinden, bis die stattlich angefutterte Plauze endlich die Form eines klassischen Waschbrettbauchs annimmt. Das Tolle ist: Hier können auch jene partizipieren, die nicht über entsprechende finanzielle Riesenpolster verfügen. Unseren entblößten Körper mit derlei Symbolik aufzuladen, zielt neben dem individuellen Wohlbefinden auf ähnliche Begierden ab: eine Spur Anerkennung abzufassen sowie eine (sexuelle) Macht auszustrahlen gegenüber eher schlafferen Säcken.

Nicht zuletzt folgen unsere stromlinienförmigen Körper dem fast schon mythischen Kult in unserer Community. Dem normativen Mainstream innerhalb unserer homosexuellen Minderheit. Ich beobachte das momentan stark an den ehemaligen Indie-Boys, jenen attraktiven schwulen Strich-Männchen, die nun langsam, aber sicher in die Jahre kommen, sprich, im Eiltempo auf die Dreißig schlittern. Diese Kerlchen fangen plötzlich an, fleißig Proteine zu verputzen und Hanteln zu stemmen, um ihre dünnen Oberarme und Beine binnen kurzer Zeit an Volumen zu verdoppeln. Weil es vermeintlich altersgerecht ist, einem Trend in der Gruppe entspricht und der panischen Sorge entgegenwirken soll, beizeiten blass, faltig und krank auszusehen.

Im Zusammenhang mit Habgier fallen mir auch die vielen Tattoos jener Homos ein, die erst dann von der zierenden Nadel und Tinte lassen, wenn der komplette Körper einer knalligen Litfaßsäule entspricht. Ähnlich verhält es sich, so meine ich, auch mit Piercings und anderen Schmuckstücken, die wir stolz am Körper tragen. Und schließlich lässt sich das Ganze ferner auf unsere prächtige Palette an schwulen Fetischen ausdehnen. Die im Falle von Gummi und Leder bekanntlich wie eine zweite sexy Haut fungieren.

Die Feinde in unseren Betten

Für mich jedoch ist das noch so ein Mega-Komplex, den ich auf der Couch bekämpfen will: meine nervige Immunität gegen schwule Fetische. Wenngleich ich in den vergangenen Jahren vieles an- und ausprobiert habe. Mich dabei aber selten anders fühlte als beim jährlichen Karneval. Und Lust allenfalls über die explizite Reaktion meiner Sexpartner auf meinen Männerpanzer gewinnen konnte. Weniger durch das bloße Tragen und Präsentieren. Vielmehr fühle ich mich selbst wie in Drag, wie in einer amüsanten, aber mir fremden Tracht, einer offensichtlichen Verkleidung als harter Hund, der ich schlicht nicht bin.

Was ich übrigens umgekehrt auch schon dank meinen frechen Transen-Freundinnen erdulden musste, die mich vor den Schminktisch banden und so lange an mir fummelten, friemelten und frickelten, mich bemalten und bekleideten, bis ich letztlich wie eine dieser Wilmersdorfer Witwen ausschaute. Nur dass ich vermutlich besser geschminkt war. Weswegen ich seitdem einen interessanten queeren Defekt in meiner Wahrnehmung habe. Bei zu auffallenden und zu heftig geschminkten Frauen frage ich mich heute jedes Mal, ob da nicht in Echt ein Kerl unter dem Dutt steckt.

Wie ich andererseits auch nachhaltig von dem Village-People-Effekt betroffen bin. Dadurch, dass wir Homos im Laufe der letzten Jahre fast jedes traditionelle Männerbild anvisiert und fetischisiert haben, schwule Blaupausen vom Polizisten, Soldaten, Holzfällern, Handwerkern bis hin zum Fond-Manager gezogen haben, die so perfekt gezeichnet sind, dass ich immer aufpassen muss, die Originale nicht fälschlich-fatal für komplett schwul zu halten.

Rein optisch erleben wir seit Jahren sicherlich eine massive Verschwulung der Heteros und auf der anderen Seite eine vermeintliche Heterosexualisierung der Schwulen. Verkehrte Welten. Nicht zuletzt dank der verspätet eingesetzten Metrosexualisierung und der modisch relevanten Feminisierung von herkömmlichen Heranwachsenden wird die klare Unterscheidung zwischen homo und straight immer schwieriger. Und das ist auch gut so!

Wobei ich, ziemlich fetischfreier Haufen, einen kleinen Punkt bis jetzt nicht recht verstanden habe: Wieso machen wir in unserer gezielten Sexualisierung der Heteros vor bestimmten Risikogruppen nicht halt? Weshalb himmeln wir in unseren Fantasien all jene an, die uns im wahren Leben nun nicht unbedingt wohlgesonnen sind? Warum springen wir mit unseren „Feinden" symbolisch in die Kiste? Nehmen wir den rechten Skinhead, den Hooligan, den homophoben Vollproll? Ist es die pure Lust am vermeintlich Verbotenen? Die Potenz der maximalen Perversion? Eine Art S/M-Hirnbumsen, sprich, die größte anzunehmende Form der Erniedrigung? Oder versuchen wir diese natürlich vorkommenden Figuren durch die Übernahme ihrer Kleidung und gewisser Gepflogenheiten als Gruppe zu diskreditieren? Sie zu verschwulen wie die markanten Village-People?

Und wenn das als Strategie tatsächlich aufgeht, warum sind wir dann nicht konsequent und übertragen es auf die letzten verbleibenden Feindbilder homosexueller

Menschen? Ich denke dabei an die Kirche. Wahrscheinlich gibt es auch schon einen solchen Fetisch. Nur habe ich noch keinen Schwulen in einer Mönchskutte über das Folsom-Straßenfest ziehen sehen.

Ich weiß nicht, inwieweit wir uns aus Angst vor Blasphemie da zurückhalten, aber wollte das als eine Idee mal in die Runde werfen. Onanie im Ornat. Stelle mir das tatsächlich recht inspirierend vor: eine schwule Sexparty in einem stillgelegten Kloster. Dazu je einen Sling oder imposanten Gyn-Stuhl in den mickrigen Zellen installiert. Und alle Mann nur im Schlüppa in die Krypta. Auf den Bildschirmen eindeutige Filme abspielen mit Titeln wie *Der Glöckner von Notre Darm* oder *Der Name der Rosette*. Keine Ahnung.

Vor allem die katholische Kirche bietet sich als geradezu göttliche schwule Assoziationskette vortrefflich an. Nicht ausgeschlossen, dass wir Fetischschwulen in solch klerikalen Kreisen ohnehin offene Türen einrennen würden, wenn man allein an die kürzlich medial gestreuten Gerüchte von der Homo-Clique im Vatikan denkt.

Und zumindest in meiner Vorstellung gibt es kaum Kleidung, Fummel oder Klunker, die dergestalt homo sind wie die feierlichen Gewänder der Pastoren, Bischöfe und Kardinäle. Nun gut, wenn man wie ich ohne jeglichen religiösen Glauben ist, fällt das Lästern besonders leicht. Doch solange aus diesen verstaubten Reihen Homophobie gepredigt und bisweilen Bigotterie gelebt wird, halte ich das allemal für berechtigt. Demnach bleibe ich auch bei meinem Vergleich mit den Weibern aus Wilmersdorf. Wann immer ich einen Geistlichen sehe, der geputzt ist wie ein Christbaum, unterstelle ich ihm eine kleine gemeine Tunte unter dem geschwungenen Birett.

Schwuler Sex und schwule Liebe

Und noch einen weiteren wunden schwulen Punkt möchte ich psychologisch bei mir abgeklärt wissen. Mein geringer Hunger, der langsam versiegende Durst nach Abenteuern. Während ich früher nahezu täglich auf die Homo-Piste ging, reicht mir heute eine deutlich reduzierte Dosis Nachtleben aus. Möglich, dass es eine simple Alterserscheinung ist und ich daher die Männer nicht mehr auf dieselbe dreiste Weise verschlinge wie einst. Sondern mir für seltener anfallende Treffen lieber Zeit nehme, um die gemeinsame Ekstase ausführlich zu genießen. Vielleicht schlicht aus dem Grund, dass nicht mehr so wahnsinnig viel Esprit und Energie im eigenen Tunten-Tank drin ist wie früher.

Hingegen kenne ich etliche Kerle, sowohl jüngere als auch ältere, bei denen die Beschreibung „unersättlich" noch eine beschönigende Untertreibung ist. Die Männer in dem Ausmaß konsumieren, wie andere Zigaretten rauchen. Sich fortlaufend Dates nach Hause bestellen – oder diese in den Bars, Saunen und Clubs direkt verzehren. Wenn Haben und Gieren unmittelbar aufeinanderprallen. Jungs, die Kerle wie Trophäen sammeln und irgendwann aufhören mitzuzählen, weil sie den Überblick verlieren. Das kann man weiter runterbrechen auf jene, die relativ ungeachtet der Person und des entsprechenden Körpers ausschließlich zur fröhlichen Jagd nach Säften blasen.

Doch nicht nur im Sexuellen hat die Quantität für manche einen reizvolleren, höheren Stellenwert als die Qualität; bei einigen trifft das auch auf ihre Beziehungen zu. Es soll ja durchaus Schwule geben, die in Sachen Liebe mehr Männer verschleißen, als das Jahr Tage hat. Partnerschaften, die kürzer halten als ein One-Night-Stand. Paare, die ihre Bindung lösen, bevor sie ihren Freunden überhaupt twittern konnten, dass sie nicht mehr single sind. Von denen es dann nicht mal ein gemeinsames Facebook-Foto gibt. Oder Kerle, deren Status völlig versatil ist, sich wöchentlich, täglich, stündlich ändern kann. Es geht mir bei einem Freund so, bei dem es gar keinen Sinn ergibt, sich die Namen der aktuellen Liebhaber einzuprägen, da sie ohnehin bald wieder ihren Entlassungsbrief erhalten werden und aus seinem Leben zu verschwinden haben.

Das hat alles sicherlich viel damit zu tun, wie extrovertiert man selber ist und welche Definition man von Beziehungen hat. Bei manchen von uns schlägt der Liebes-Blitz alle paar Jahre mal während eines intensiven Sommergewitters ein, andere verknallen sich praktisch im rasanten Takt des Blitzlichtes einer Spiegelreflexkamera. Ich persönlich bin eher einer dieser amourösen Spätauslöser, die über Monate hinweg in einer emotionalen Dunkelkammer ausharren können und skeptisch sind, was gar zu grell aufzuckende Liebeslichter am Homo-Horizont betrifft. Vermutlich, weil mir auch hier die schwule Bindungslust etwas abgeht – bei einigen Bekannten ist es umgekehrt eine regelrechte Gier nach einem festen Partner. Sich mit jemandem für einen recht überschaubaren Fun-Intervall zu verkuppeln, für einen heißen *summer of love* oder so, ist mir oftmals zu zeitaufwändig und zu stressig.

Eine Partnerschaft wiederum krampfhaft zu suchen halte ich für genauso irreführend, wie sich permanent von Mann zu Mann zu hangeln, so wie Primanten im Dschungel von Liane zu Liane springen, nur um den anspruchsvollen Parcours des Lebens nicht alleine bestreiten zu müssen.

Bei vielen macht es klick, wenn sie überhaupt nicht damit rechnen. Nicht auf der Suche sind, auf der Pirsch für einen künftigen Platzhirsch. Sondern in den vermeintlich blödesten und uns unpassendsten Situationen schlägt einem das Schicksal gelegentlich ein romantisches Schnippchen. Keine Ahnung, vielleicht, weil dieser legendäre Amor mit dem Liebespfeil ein sarkastischer, schadenfroher Gnom ist.

Zum Beispiel, wenn wir morgens mal verpennt haben und überstürzt in die Gänge kommen müssen. Uns die Haare nicht großartig stylen, eine Brille statt der weichen Eitel-Linsen tragen. Das knitterige Hemd von gestern ein zweites Mal anziehen und in Schuhe schlüpfen, die einfach bequem sind und nicht unbedingt den für Homos relevanten Marken entsprechen. An solchen Tagen wartet man dann auf den Bus und es geschieht das Unerklärliche: Ein interessierter Typ flirtet mit uns.

Ausgerechnet dann. Wenn wir uns mitnichten von unserer besten Seite präsentieren. Wenn wir mal keine Rolle spielen, wozu denn auch? Sondern am liebsten eine Ansage machen wollen, eine kleine Entschuldigung verlesen, dass wir normalerweise schon gestylter über den Asphalt des Boulevards ackern. Bloß für gewöhnlich werden wir morgens vor der Arbeit an einer Bushaltestelle eben auch nicht so herzerfrischend angebaggert. Das verstehe, wer will!

Alles wird gut

Mittlerweile habe ich die Therapeuten angerufen, die mir mein guter Freund wärmstens empfohlen hatte, und jedes Mal einen Korb kassiert. „Sehr gerne, aber derzeit leider keine freien Termine!" Ich solle es in ein paar Monaten erneut versuchen. Bis dahin will ich die doch eher trivialen Probleme und Phobien nun wirklich nicht mehr an der Backe haben. Notfalls bleibe ich eben eine bedauernswerte Schwuchtel, die nach außen hin eher wie ein gewöhnlicher Hetero wirkt.

Meine private Verhaltenstherapie kann indes noch diese Woche beginnen. Eine Freundin bat mich, sie beim Schuhe-Kaufen zu begleiten. Also gleich die Königsetappe bestreiten auf meinem Weg zu einer normalen schwulen Shopping-Sozialisation. Und was meine Männer und die Lust auf sie angeht, so vertraue ich ganz auf den nahenden Frühling, auf die startende schwule Outdoor-Saison. In dem von mir geschilderten schwulen Kontext heißt Habgier nämlich eins: Genussvoll leben. Mit allen Sinnen genießen. Sich selbst und sein queeres Umfeld. Na, und darauf habe ich garantiert bald wieder Bock. Selbst wenn einem zwischendurch mal die Libido flöten geht. Spätestens auf der nächsten Klosterparty laufen wir uns bestimmt über den Weg. Ich bin an der roten Mönchskutte zu erkennen.

KAPITEL 6

VÖLLEREI

Unsere Maßlosigkeit macht uns glücklich

Wie ich gerade Vögel beneide! Also, nicht wegen des Fliegens, mir wird schon im Flugzeug mulmig. Auch nicht wegen ihres Gesanges, wenngleich meine eigene Stimme alles kann, bloß keinen Ton treffen. Es ist die Art und Weise, wie sie mühelos ihr Futter verdrücken. Wenn so ein Graureiher in Brandenburg an der Havel einen Fisch glatt im Ganzen runterschluckt. Oder eine ortsansässige Amsel einen kompletten Regenwurm, der länger ist als sie selbst und fast so dick wie ihr Schnabel.

Ich weiß, von uns Schwulen mögen manche so etwas ähnlich Abenteuerliches ebenfalls gebacken kriegen. Auch eine Form von Völlerei, Respekt dafür, ist aber ein anderes Thema. Mein Problem hingegen: Seit Neustem bin ich ein Schlinger. Ein Kurz-Kauer. Ein Eil-Esser. Ich will möglichst hastig und möglichst viel oral in mich reinstopfen. Meiner Zunge erst gar keine Chance geben, den Geschmack zu ermitteln, sodann irgendwelche Infos ans Gehirn zu übertragen und dadurch die Prozesse der Insulinproduktion und Verdauung zu beschleunigen. Nein, hinein und runter damit, wie ab dem dritten Bier.

Das Blöde dabei ist: Kommt mir Fisch auf den Tisch, dann verschlucke ich garantiert Gräten. Nervige Sache, jedes Mal, dieses Bangen und Bibbern, dass sich die Spitzen bitte schön nicht in Hals oder Speiseröhre verkeilen, sondern bis in den Magen runterrutschen, der sie automatisch entschärft. Der Graureiher ist mir gegenüber also klar im Vorteil. Vielleicht sollte ich künftig eben nur noch Fleisch essen? Ein saftiges Roastbeef, 'ne Schüssel voll Schweinespeck oder einen deftigen Entenbraten. Nicht so gefährlich für die Röhre und gerade richtig für meine Figur.

Speisen gründlich zu kauen, weigere ich mich. In Zeitlupe essen sättigt nämlich zu schnell. Mindert leichtfertig die Chance von Fettansammlungen im Bauch und verhindert frecherweise Übergewicht. Das Dümmste, was mir jetzt noch passieren könnte, kurz vor Ostern.

Wo ich die „Fastenzeit" dieses Jahr doch ausdrücklich dazu nutzen will, ein paar Pfund zuzulegen. Gewissermaßen den Körper aufzurüsten. Mission Dickmann. Mich solange mit Genussmitteln verwöhnen, bis mir deren Fette ins Blut gehen. Erlaubt ist alles, was kräftiger macht. Kampf dem Magerquark, Dörrobst, Vollkornriegel. Her mit Sahnetorte, Nougatschokolade und Buttercroissants. Und Alkohol nur in Massen. Ordentlich zulangen. Sind wir Schwulen doch nicht anders gewohnt. Wir lieben Exzesse. Ein Leben im Rausch.

Die Idee kam mir um die Karnevalszeit, als sich die vielen überaus anspruchsvollen Zeitgeist-Magazine wieder einmal mit den vermeintlich effektivsten und gesündesten Diäten der Saison überschlugen. „Wie Sie bis Ostern zwanzig Pfund verlieren!" oder „Ihr super Sommer-Sixpack – die besten Tipps für einen flachen Bauch", „So pressen Sie Ihren Körperfettanteil auf unter zwölf Prozent" und, und, und. Artikel, die für viele Leute Ansporn und Folter zugleich sind.

Ich jedoch will nichts verlieren, einbüßen, abgeben, sondern deutlich an Gewicht gewinnen. Mir Schicht um Schicht drauf spachteln. Meinen dürftigen Rettungsring aufblasen. Und aus dem Leim gehen.

Die Maden im heteronormativen Speck

Völlerei nicht nur an den Sonn- und Feiertagen. Das genügt nicht. Sondern sich kontinuierlich in der Zeit dazwischen die Wampe vollschlagen. Nur selber essen macht bekanntlich fett! Es sei denn, man hat jemanden, der das als aktiver Fütterer übernimmt, was in einigen Homobeziehungen als sexuelles Spiel tatsächlich passiert. Seine Sau tierisch mästen bzw. alles brav schlucken! Hätte ich jetzt gern zur Hand, so einen Master der maßlosen Mahlzeiten.

Geht aber auch anders, zum einen schleichend-passiv in festen Partnerschaften, in denen einer oder gleich beide Protagonisten sukzessive auf ihrer gemeinsamen „Homo-Base" aufbauen. Sich was gönnen können, in kulinarischen Ergüssen übertrumpfen – während die sexuellen mit den Jahren vielleicht weniger werden. Man das leibliche Wohl seltener im Schlafzimmer als in der Küche befriedigt. Die Figur ist dann manchmal das Erste, was in solch einer Liebesbeziehung stiften geht. Lange bevor der Rest des Kerls ihr hinterherspringt.

Allerhand in sich hineinfressen funktioniert zum anderen hervorragend auch allein als Single. Ist wie wichsen. Nur unterschiedlich nachhaltig, was die Sättigung betrifft. Das eine verursacht schlimmstenfalls eine lustlose Leere, das andere bestenfalls eine famose Völle.

In meinem Fall war die runde Sache schnell beschlossen – und einem verdammt guten Zweck dienlich: meinem Wohlbefinden bei den bevorstehenden Fetischfeiertagen von Berlin während der Karwoche. Binnen kürzester Zeit wollte ich ein oder zwei Gewichtsklassen aufsteigen, ein Future-Bär sein. Vom aktuellen Welter- ins Mittelgewicht hochrücken oder gar in die fernen Fettsphären des Halbschwergewichts empordringen. Sofern ich denn die schwule Völlerei mit dem Ringen vergleichen darf – auch wenn diese Sportart nun nicht mehr olympisch ist.

Ein individuelles Ringen mit der Waage der Wirklichkeit. Und Dinge präzise abzuwägen ist etwas, was wir im Laufe unserer Homosozialisation schnell auf die Reihe kriegen müssen. Im Privaten wie auch im Politischen. Weil wir verinnerlicht haben, dass wir trotz aller Errungenschaften nichts anderes sind als die Maden dieser Gesellschaft. Die Maden im heteronormativen Speck. Oder wie eingangs bereits erwähnt: Wir sind der permanente Stachel im System. Je voluminöser dieser, unser Stachel anschwillt, desto wuchtiger am Ende unsere Power im Kampf um Gleichberechtigung und Akzeptanz. Die Sichtbarkeit ist dabei wesentlich. Staaten wie Russland, die homosexuelle Präsenz und damit offen schwules wie lesbisches Leben gesetzlich untersagen, wünsche ich von Herzen einen massiven Madenbefall. Meinethalben solange, bis der Rote Platz in Moskau komplett davon bedeckt ist und allenfalls pinkfarben durchschimmert.

Fasten für mehr Akzeptanz

Hierzulande, wo wir es uns in der Nische zwischenzeitlich ziemlich bequem gemacht haben, empfinde ich es als Luxus, mich so banale und nicht existenzielle Sachen fragen zu dürfen, wie, ob oder wer mich gerade sexy findet. Oder mit welchen Mitteln ich meinen bescheidenen Sex-Appeal allmählich erhöhen kann.

Als schwuler Kerl hat man da ja mehrere Optionen: Man kann mit seinen Cholesterin- und Zuckerwerten die eigene Attraktivität anheben und umgekehrt bei sinkenden Spiegeln den gleichen Effekt erzielen. Die queere Vielfalt ist berauschend: Vom Fliegengewicht der Indie-Gören bis zum Schwergewicht der pummeligen Plauzen findet fast alles dankbare Abnehmer bzw. Verehrer.

Mein Problem ist die kleine Knautschzone dazwischen. Lange genug schlunzte mein Äußeres im Mittelmaß. Ich war nicht wirklich schlank und keineswegs dick, vielmehr ein teigiges Teilchen, mit dem keiner ernsthaft backen wollte. Einer jener unspektakulären Typen in den Enddreißigern, die in der Szene plötzlich unsichtbar werden. Keine spürbare Aufmerksamkeit mehr erregen. Die am Tresen niemand wahrnimmt. Beim Cruising durchs Raster fallen und selbst im Darkroom kaum noch einen Stich landen.

Das galt es schleunigst zu ändern. Drei typische Homo-Optionen hatte ich mir sechs Wochen vor Ostern darum zurechtgelegt: Variante a) mich dank einer Radikalkur auf den mickrigen Bauchumfang eines dieser allerorten rumstaksenden Neuköllner Röhrenjeans-Hipsters abzumagern. Oder durch ein intensives Aufbauprogramm b) meine Fassade mit ansehnlichen Muskeln zu schmücken. Und schließlich c) alles daran zu setzen, um ein zünftiger Berliner Bär zu werden.

Für einen modisch souveränen Skinny-Boy mit seinem buntbedruckten Achselshirt, der Nerdbrille, dem Jutebeutel und Vintage-Tretern bin ich zu alt. Außerdem sind diese Racker beim Fetischtreffen bloße Randfiguren. Mich durch ein konzentriertes Krafttraining und süße Anabolika-Zuschüsse in einen hübschen Homo-Hulk zu verwandeln, ist mir zu stressig. Blieb noch die Feeder-Methode, die mir am bequemsten erschien. Und mich noch dazu motivierte, da ich massige Männer immer schon verehrte. Trotzdem, warum der Stress ausgerechnet jetzt?

Gewöhnlich nutzen besonders Gläubige die Fasten-Phase von Aschermittwoch bis Ostersonntag zur frommen Askese. Als traditionelle Zeit des verdrießlichen Verzichts, eine religiös motivierte Trennkost, die im Optimum für körperliche und geistige Verjüngung sorgen soll und wenigstens partiell entschlackt und entgiftet. Als Komplett-Heide packe ich das Abnehm-Phänomen deshalb mit einer negativen Diät von hinten an, vor allem auch in Kritik gängiger Normen und Schönheitsideale. Und entgegen einem stetig mehr stressenden und nervenden Gesundheitsdiktat in dieser Gesellschaft.

In Vorbereitung meiner ungebremsten Völlerei wird mir die kulturelle Bedeutung des Karnevals für Katholiken klarer: Fasching ist sozusagen die letzte kirchlich offiziell abgesegnete Orgie vor dem kollektiven Fasten, und das nicht nur in kulinarischer Hinsicht. Praktisch die allerletzte Ausfahrt vor der entfesselten Enthaltsamkeit. Und wer denn unbedingt will, überträgt dieses appetitlose Sparsystem temporär auf seine sexuelle Libido.

Wahrscheinlich hinkt mein Link. Aber wie ein Blick beim Statistischen Bundesamt in die Geburtenraten der letzten 20 Jahre verrät, weisen die Monate November und Dezember meist die geringsten Jahreswerte auf. Machen die Leute in der Fastenzeit tatsächlich weniger rum? Trotz der gesellschaftlichen Liberalisierung, der sexuellen Aufklärung und der allgemeinen atheistischen Tendenzen? Das wäre für mich ein Grund, vom Glauben abzufallen!

Zumal modernes Fasten eher ganzheitlich begründet wird und genreübergreifend Anwendung findet. Oftmals im Sinne eines Heilfastens, des Sich-Gesund-Geizens. Verstanden als eine Periode des In-Sich-Gehens, des Tests der individuellen Willensstärke, Überwindung des inneren Schweinehundes. Mal einen Monat ohne Alkohol auskommen. Ohne was Süßes. Ohne Fastfood. Mal eine Weile ohne Fernsehen überleben. Ohne Computerspiele. Oder eben ohne Sex.

Letzteres würde für Schwule die größte Herausforderung darstellen – sofern das Klischee zutrifft. Was ich bezweifele. Weder ist es so unüblich noch so gespenstisch abwegig, sich kleine Verschnaufpausen zwischen den wiederkehrenden allnächtlichen Erlebnissen und dem Routine-Rudelbumsen zu gönnen. Ganz nach Gusto.

Meiner Erfahrung nach gibt es dabei kein zu viel oder zu wenig. Lust lässt sich nun mal höchst schwer quantifizieren und erst recht nicht verallgemeinern, selbst wenn diverse Studien nichts anderes als das fortlaufend versuchen, was dann wiederum in den vielen überaus anspruchsvollen Zeitgeist-Magazinen bunt kommentierend verschmiert wird. Ausgedruckter, journalistischer Dünnpfiff am laufenden Meter. Solche Blätter kann man sich heutzutage überall reinpfeifen – oder alternativ einen frischen Fisch darin einwickeln. Für meinen Freund, den Graureiher.

Zum seriösen Abnehmen fällt mir spontan Folgendes ein: Wenn es bei den zig Diäten und Heilkuren auch nur im Entferntesten um die Verringerung von Ballaststoffen geht, sollte man dann nicht mit den moralischen beginnen? Seine homophoben Gifte wie auch sonstigen

Stinksekrete der Intoleranz und des Hasses gleich mit abführen? Das wäre es doch! Fasten für etwas mehr Akzeptanz und Verständigung. Mit jeder bewussten Darmentleerung ein weiteres Feindbild abbauen? Säubernden Sauerkrautsaft und kotkehrende Klistiere für ein bisschen sozialen Frieden einsetzen?

Der grobe Dreck klebt in unseren Köpfen, den kann man sich nicht einfach rektal rausduschen. Sonst wären wir Schwulen am Ende wirklich noch die besseren Menschen.

Unser Zwillingsbruder, der ewige Spießer

Wie mitmenschlich wir in Extremsituationen sind, zeigte sich unmittelbar vor Ostern, als erwartungsgemäß wieder einmal Ausnahmezustand herrschte. Allerorten. Staus auf den Autobahnen. Verstopfte Fußgängerzonen. Supermärkte, die kurz vor dem Totalkollaps standen. In denen sich Szenen wie auf einer Kreuzberger Erster-Mai-Demo abspielten. Wo sich die Kundschaft aus lauter Sorge vor dem drohenden Hungertod oder vor was auch immer beim Massensprint vom Marmeladenregal hin zur Spirituosenabteilung wahllos alles in den Wagen schmiss, was nur irgendwie abgegriffen werden konnte.

Als stünden nicht die Tage der Auferstehung bevor, sondern die des Untergangs der Welt. Ich glaube, bei den wenigsten war der Kaufrausch eine frenetische Folge des ersehnten Endes der Fastenzeit. Solchen ehrlichen Hunger-Hardlinern, für die Ostern dann die delikaten Dämme brechen, da endlich wieder Fleisch verzerrt, Fettes verspeist und Hochprozentiges versoffen werden darf, hätte ich an der Kasse demütig Vortritt gewährt.

VÖLLEREI

Erstaunlicherweise war die allgemeine Hektik diesmal ungleich greifbarer als im letzten Dezember, als wir dem im Maya-Kalender orakelten Ende der Menschheit wohl eher humorvoll-gelassen entgegenblickten, statt in Panik zu verfallen. Der Run auf die Kassen, bei dem selbst Lahme mit restlos bepackten Rollatoren wieder wacker stürmen konnten und jeden, der ihnen in die Quere kam, aus den Einkaufs-Fluchten wuchteten, offenbart ein latentes Dilemma unserer Zeit: Wir sorgen uns weit weniger um große Themen wie Eurokrise, Cyberkriminalität, Datenschutz oder eben um mystisch bemühte Weltuntergänge – wäre auch zu abstrakt so etwas Globales – als um die wahrlich verheerenden Katastrophen unseres alltäglichen Daseins wie etwa zwei aufeinanderfolgende Feiertage, an denen sämtliche Läden eben geschlossen bleiben.

Das ist der eigentliche Worst Case, welcher uns jedes Mal unmittelbar vor Ostern, Pfingsten und Weihnachten in extrem durchgeknallte Shopping-Werwölfe verwandelt, die so lange heulend und warendurstig durch die Shopping-Tempel toben, bis die heimischen Kühl- und Küchenschränke noch auf Wochen hin gefüllt sind. Erdbeben im Iran, Staatspleite in Zypern, Bürgerkrieg in Syrien, Jahrtausendflut in Deutschland – erst kommt unser Fressen, danach ein mitmenschliches Minimum an Betroffenheit. Mit einem gut gefüllten Magen lassen sich Schreckensmeldungen wie der neuerliche Fleischskandal in den Niederlanden umso leichter verdauen. „Schon schlimm, alles", murmeln wir, während wir das nächste Pferdiggericht in der Mikrowelle auftauen.

Was solche Hamsterkäufe vor Feiertagen angeht, sind wir Schwulen freilich keinen Deut besser als der Rest des Volkes. Im Gegenteil. Wir bringen den Wahnsinn erst richtig auf die Palme. Shopping-Völlerei, ohne dabei rot zu werden. Insbesondere dann, wenn wir wie ich Ostern wagemutig genug sind, uns beim internationalen Fetischtreffen in Berlin blicken zu lassen, auf dem weltweit begehrten Jahrmarkt plakativer Männlichkeiten.

Und wie sich die Bilder ähneln: Hektische Oster-Besorgungen in Supermärkten wie auch in den schwulen Sex-Stores. Nur dass dort nicht das große Fressen im Fokus stand. Obgleich kiloweise Bratfette und andere Öle konsumiert wurden, was wiederum gewitzte Verkäufer zu Bemerkungen verleitete, dass wir Ostern halt besonders viel backen würden. Nein, die Nachfrage war offenbar so groß, dass Crisco und Konsorten in einigen Läden ausverkauft waren. Manche von uns können den Arsch eben nicht voll genug kriegen! Wofür ich offenes Verständnis habe.

Übrigens just an diesem US-amerikanischen Produkt, das in speziellen Food-Geschäften mit dem Slogan *Grandma's cookies wouldn't have been the same without it* beworben wird, lässt sich eine weitere schwule Paradoxie aufrollen: Der Spagat zwischen möglichst schmutzigem Männersex in einem tunlichst gepflegten Setting. In einem hygienisch cleanen Ambiente. Den auch nur Schwule meistern können. Wenn die Schlampe auf den Saubermann in uns trifft. Wir faustdicke Dildos zunächst mit jenen vegetarischen Fetten einschmieren, um sie nach der Einführung zusammen mit dem schmucken Kaffeegeschirr, auf dem noch die mit Crisco-Fett gebackenen Kekskrümel kleben, gründlich in der Spülmaschine zu reinigen.

Den Hintern duschen wir vor oder auch während des Dates gewissenhafter, als es Proktologen vor operativen Eingriffen jemals für notwendig erachten würden. Zudem überzeugen wir uns alle Nase lang, ob wirklich alles noch wie geleckt ist. Ich frage mich immer wieder, wie man sich ansatzweise in Ekstase treiben kann, wenn man den megalästigen Control-Freak in der Birne nicht einfach mal ausblendet? Die eigene Eitelkeit und Unsicherheit schlagen einem da wohl häufig ein Schnippchen.

Hinzukommt ein in diesem Kontext mitunter ungewöhnlicher Hang zur Ordnung. Was bereits mit der disziplinierten Vorbereitung auf ein Date beginnt. Wenn Dutzende Dildos der Größe nach sortiert griffbereit auf dem Sideboard stehen. Ein gebügelter Stapel Handtücher neben der als Spielwiese mit Tüchern, Latexlaken und Gummikissen mehrfach beschichteten Matratze liegt, die wir zwischen unserem Esstisch aus massivem Nussbaum und der XXL-Wohnlandschaft innenarchitektonisch nicht anspruchslos drapiert haben.

Ein Paket Küchenrollen, eine Kiste mit Kondomen, mehrere Gleitcremes und Desinfektionssprays, was zum Knabbern und Saufen, Tabakwaren für die Raucher und Chemikalien für die Rauscher unter uns sowie ein Handstaubsauger und andere Reinigungsmittel, falls mal was daneben geht, runden die nahezu beängstigend perfekte Ouvertüre zum bevorstehenden Ballett im Bett ab.

Nichts gegen präzise Vorbereitung. Kennen und schätzen wir aus der Küche von der Speisezubereitung. Und gut Kochen will man beim Sex schließlich auch. Doch wir sollten die manierlichen Spleene nicht zu arg überdehnen, damit unser Fuckbuddy nachher nicht kalt abgeschreckt wird wie zwei hartgekochte Frühstückseier.

Der Inbegriff für das dirty-cleane Wechselspiel sind für mich schwule Saunen. Wo sich die Männer meist meterlange Frottiertücher um die Hüften winden, modisch gewagte Schlappen tragen und sich alle halbe Stunde unter der Dusche einseifen, um auch noch den letzten Tropfen frischen Schweißes *stante pede* in den Abguss zu jagen. Mich turnt das ganze Setting nicht sonderlich an. Da müsste ich schon eine Weile in der Finnischen Trockenkammer hocken, um überhaupt ins Schwitzen zu kommen. Ist Geschmackssache. Warum sind die Besucher dieser Homo-Thermen nicht gleich nackt oder tragen meinetwegen sexy Shorts oder Badehosen, anstatt sich in biedere Handtücher zu wickeln?

Und obwohl ich es durchaus schätze, wenn jemand der Pflege seines Körpers annähernd gleich viel Aufmerksamkeit schenkt wie der seines neuen Mittelklassewagens, des Vorgartens seiner Doppelhaushälfte im Speckgürtel einer Großstadt oder seines Profils im Homo-Chat, killt ein zu gut gemeinter Putzfimmel definitiv meine Lust.

Ich will mit meiner Zunge den natürlichen, salzigen Fettfilm auf der Oberfläche des Kerls kosten und nicht die im Maul aufschäumenden und meine Schleimhäute reizenden Seifenreste. Persönlich stört es mich auch weniger, wenn Typen beim Küssen nach Bier oder Zigaretten schmecken als nach jenen exotischen Fruchtgummis und Bonbons, die zwischen den Aufgüssen und Abduschen gern gelutscht werden.

Wirklich toll an schwulen Saunen sind indes die privaten Kabinen, in denen wir uns gegebenenfalls ausgesprochen häuslich einzurichten verstehen. Schließlich sind wir ja keine Schrankschwulen mehr, die mit einem lumpigen Spind vorliebnehmen. Mini, aber praktisch, diese veritablen Popp-Kojen.

Wüssten sie, wie wir die wenigen Quadratmeter Innenfläche gestalterisch aufhübschen, was wir etwa an Extra-

Inventar – Platzdeckchen, Fußabtreter, Ersatzpolster – und sexuellem Krimskrams darin alles unterkriegen, um eine nette Atmosphäre zu schaffen, die Designer eines schwedischen Möbelhauses würden vor Neid erblassen. Und hätten die Pappverschläge Fenster, einige von uns würden gewiss modische Gardinen aufhängen, um sie beim Ficken dann diskret zuzuziehen. Der Trend geht, so weit ich weiß, im Übrigen zur praktischen Zweitkabine. Eine für ungezogene Spiele und eine, wenn unerwartet Freunde auf ein Bier ins Dampf-Haus schneien. Nein, im Ernst, unseren Zwillingsbruder, den ewigen Spießer, werden wir so leicht leider nicht los.

Wir halten uns für die wahren Sexperten, für befreite Hedonisten, für sexuelle Grenzgänger und erotische Genussmenschen. Doch wir haben tief in uns das Kleinkarierte niemals ganz ablegen können, die Scham vor dem gesellschaftlich viel zu lange verpönten Analverkehr längst noch nicht restlos überwunden. Insofern sind wir komplett irritierte Katholiken – und das unabhängig davon, ob wir jener oder irgendeiner Konfession angehören –, die infolge von Sozialisation und einer sich nur mühsam auflockernden christlichen Sexualmoral all das wunderbar Pervertierte und Dreckige sinnbildlich nach jedem Fick sofort wieder bereinigen müssen. Sprich: Wir wichsen heimlich unter der Bettdecke und sogleich ins Taschentuch, haben Sex in möglichst abgedunkelten Räumen, an anonymen Orten, gern unverbindlich und diskret. Unser Ausmaß an Schuld- und Schamgefühlen spiegelt, denke ich, das brüchige schwule Selbstverständnis dann letztlich wider, sobald das Hochgefühl verflogen ist. Immerhin sind wir genauso Kinder unserer Geschichte wie alle anderen Menschen auch.

Moderne Völlerei schlummert im Verzicht

Aus vielen Klamotten wachsen wir mit der Zeit heraus, weil sie beim Waschen eingelaufen oder wir beim Wachsen aufgedunsen sind. Alles halb so tragisch, sofern wir den Verlust mit intensivem Nachkaufen kompensieren können. Auch wenn das bekanntlich nicht zu jedermanns Lieblingshobbys zählt. Meine alte Lederhose macht eine Ausnahme, das verbeulte Ding ist am Hintern gehörig in die Breite gegangen. Umso größer nun mein erstes Erfolgserlebnis, als ich während meiner Minus-Diät wieder in sie hineinwachse. Da sich mein Po plötzlich polstert, sachte wölbt, sich im Eiltempo füllt und schön rund anfühlt. Seiner Bezeichnung alle Ehre macht. Auf einmal bekomme ich ganz unverhoffte Komplimente von Leuten, die mich früher mit dem Arsch nicht angeguckt haben. Der Wahnsinn!

Auch das ist für mich Anreiz genug, meine Nahrungsaufnahme nach und nach zu erhöhen und ferner meinen Aktionsradius sowie generell körperliche Aktivitäten einzuschränken. Naiv dachte ich mir, dass Zunehmen so einfach geht wie Sachensammeln. Eine Leidenschaft, die viele Schwule teilen. Noch alles, was sich irgendwie und irgendwo archivieren lässt, fand unter uns Liebhaber. Ich kenne Kerle, die über 200 Paar Turnschuhe haben. Einen Fundus an farbenfrohen Fummeln, bei dem ein mittelgroßes Stadttheater vor Neid erblassen würde. Wir haben Schränke voll mit Dildos, Plugs und Penispumpen. Regale zugestopft mit tausenden Büchern, CDs und Videos. Und Wohnungen, die prunkvoller eingerichtet sind als die opulenten Gemächer eines orientalischen Fürsten oder derart überladen kitschig, dass das Berliner Barbie-Haus – dieser Mädchen- und Tuntentraum in rosa, das einen Sommer lang als „The Dreamhouse Experience" in der Hauptstadt zu besichtigen war – zu einem kümmerlichen Alptraum schrumpft.

Viele Schwule haben ein ausgemachtes Faible, Dinge zu horten, angefangen von allerlei Arzneien, Beauty- und Pflegeprodukten und getragener Wäsche im Badezimmer über eine Armada an Poppers-Fläschchen und Hochprozentigem im Tiefkühlfach – und manche von uns frieren sich noch ganz andere Flüssigkeiten ein – bis hin zu unzähligen Tattoos, Piercing-Ringen und sonstigen Füllungen in bestimmten Körperteilen. Erweiterte Depots an Fett sollten da eine geringe Herausforderung darstellen. Meinte ich in fahrlässiger Fehleinschätzung meines famosen Vorhabens, der Mission Future-Bär. Sowohl das erhöhte Arbeitspensum als auch das geforderte Maß an Selbstdisziplin setzten in mir kontraproduktiv wiederum Energien frei, die in pure Leistung statt in Gewebemasse flossen. Effekt irrsinnig verpufft.

Problem eins: die mangelhafte Unterstützung im Freundes- und Bekanntenkreis. Anfangs wurde ich immerhin noch respektvoll belächelt. Bald aber unverschämt zu dreisten Ernährungssünden verführt. Indem man mich sonntags zu einem veganen Brunch einlud. Mir auf Partys grüne Salate vor die geschockt gerümpfte Nase setzte. In meiner WG damit anfing, mittags Sojagerichte mit kalorienarmen Tofu-Würstchen zu kochen. Mir vitaminreiche Müsli-Snacks zum Nachtisch anzubieten. Und Körner zum Knabbern. Wenn es ginge, hätten die mich auch am Stein nuckeln lassen, um paar wertvolle Mineralien einzulecken.

Und meine sogenannten Freunde – mir will gerade kein passender Begriff für diese kleinen Biester einfallen – errechneten sich in meiner Gegenwart regelmäßig ihren frappierend sinkenden Body-Mass-Index und ließen sich für jedes Pfund preisen, welches sie dank Sport und Sparen an Nahrung aus dem Körper gejagt hatten. Wie soll man in solch einem hypergesunden Umfeld auch nur ansatzweise zunehmen? Allein beim Zugucken machten sich meine Kilos solidarisch mit aus dem Staub. Diese Verräter!

In den Magazinen und Onlineforen, mein zweites Problem, das gleiche Fitness-Diktat, der allgemeine Tenor lautete auch dort: „Gesund Abnehmen". Wo ist da eigentlich die gern beschworene Meinungsvielfalt in Deutschland? Wenn es nur Ratschläge für das erfolgreiche Gürtel-enger-Schnallen gibt, sprich für den faktischen Verlust an Mensch. Unsere Augen und unser Hirn haben vermeintliche Traummaße und Idealfiguren längst verinnerlicht. Kulturell werden sie täglich reproduziert und in etlichen schwulen Kreisen gnadenlos perfektioniert. Auf die Art Ausschlüsse provoziert, die von einer Portion Sozialisation wie Dummheit zeugen.

Abspecken bzw. Fitfasten ist eine Art Religion geworden. Jedenfalls habe ich den Eindruck nach Lektüre vieler der veröffentlichten Beiträge und Blogs zum Thema hinsichtlich der Wortwahl und Verheißungen gewonnen. Von einem amüsanten „Gehirndoping" bis zu einem „längeren Leben" wird medial einiges an Versprechungen aufgefahren.

Ich möchte einmal diese berühmten Vorher-Nachher-Bilder mit umgekehrten Vorzeichen betrachten dürfen. Und zwar als journalistische Empfehlung, nicht als abschreckendes Beispiel für eine gesellschaftlich derzeit nichtkonforme, da ungesunde wie unvernünftige Lebensweise. Für Körper, die bewusst aus der Reihe tanzen, nicht stromlinienförmig aussehen, gibt es im Übertragenen kollektive Klassenkeile. In was für einer Gesellschaft leben wir eigentlich?

Moderne Völlerei, so lautet mein Zwischenfazit, schlummert im militanten Verzicht auf Genuss und insbesondere in einer um sich schlagenden Missionierungsgesinnung. Kennen wir alles schon vom Thema Rauchen. Wie lange wird es dauern, bis auch das Homosexuelle mal wieder mehrheitlich als eine Art Manko verstanden wird – oder immerhin als Ausdruck einer ungesunden, unvernünftigen Lebensweise? So nach dem Motto: Wer dick ist, ist selber schuld, wenn er mal Diabetes oder einen Herzkasper bekommt. Und wer schwul rumhurt, braucht sich nicht wundern, wenn ihn die Keime und Viren so befallen wie Wespen im Sommer die Obsttorte. Zumindest an den bundesrepublikanischen Stammtischen sollte es daran doch zu keiner Zeit Zweifel gegeben haben, oder tue ich denen Unrecht?

Mein gewichtigstes drittes Problem betrifft meine Minus-Diät an sich. Nie hätte ich gedacht, wie mühsam so eine beknackte Gewichtszunahme sein kann. Wo doch alle Welt ungewollt verfettet. Sich darüber irgendwann maßlos erschrickt. Und bald darauf den eigenen Kilos den Krieg erklärt.

Pragmatisch, so denke ich mir, drehe ich die Empfehlungen der Diäten einfach um. Aber da fängt das Dilemma gerade erst an. Die unterschiedlichen Tipps zum Abnehmen sind für mein Verständnis oftmals nicht nur zu komplex, sondern in sich unstimmig und bisweilen auch widersprüchlich. Weil eine Diät quasi eine andere neutralisiert. Kohlenhydrate radikal weglassen oder sich nur von ihnen ernähren. Auf Fette verzichten oder ... genau: seinen Magen ausschließlich mit Fettigem vollhauen. Da wird man doch verrückt! Ich würde ja aus purer Nervosität meine Masse verlieren. Will ich aber leider nicht. Im Gegenteil.

Endlich finde ich ein paar Seiten im Netz, die das Fettfüttern mit bravem Hinweis auf die erheblichen Risiken tatsächlich beschreiben. Ideal sind demnach viele Speisen über den Tag verteilt, die reich an Kalorien sind, aber nicht sofort sättigen. Hinlänglich bekannt vom Besuch einer Fastfood-Kette. Sobald wir zwei Burger verdrückt und das Lokal verlassen haben, meldet sich der nagende Hunger zurück. Weiter ist zu lesen, dass man sich den Jojo-Effekt zunutze machen sollte. Und dass trotz Völlegefühls ein Schokoriegel zwischendurch immer noch reinpasst. Da ich das lese, wird mir speiübel.

Es ist doch so: Wer bei einer Diät scheitert, hat alle unsere Sympathien. Die Erfolgreichen müssen mit unserer Skepsis leben, weil sie uns in ihrer eisernen Disziplin und ihrem Fitness-Fanatismus so ziemlich auf den Sack gehen. Um es kurz zu machen: Ich selbst habe mein Ziel bis Ostern nicht erreicht. Es wieder einmal vermasselt. Früher bekam ich es nicht gebacken, ausreichend Pfunde zu verlieren, heute fehlte es mir an Willenskraft, sie oben draufzupacken. Vielleicht wäre es mir in einer festen Partnerschaft leichter gefallen oder mit einem Master der Maßlosigkeit, der mich mit Fetten nur so füttert. Was soll's? Der Bär in mir muss warten. Dieses Ostern werde ich mich als das teigige Teilchen durch die Fetischszene treiben lassen, als das ich mich in den letzten Jahren an den Tresen, in den Playrooms der Community immer unsichtbarer gefühlt habe. Das liegt am Alter. So mit Ende Dreißig fällt man offenbar durch alle Raster. Vielleicht fange ich nächstes Jahr dann doch mit dem Aufbau von Muskeln an – oder hungere mich in die Röhrenjeans der hiesigen Neuköllner Hipster-Babes hinein.

KAPITEL 7

WOLLUST

Wir sind die wahren Experten für wilde Exzesse

Ringe kann ich keine blasen. Hab das nie gekonnt. Genauso wenig wie auf den Fingern pfeifen oder dämliche Dinge weitwerfen. Halt die kleinen schwulen Schwächen, die ach so coolen Sachen, die im Grunde keine Sau bringen muss. Dafür nimmt der Rauch meiner Zigarre hier draußen in der mecklenburgischen Einöde die Gestalt eines Pimmels an. Wirklich, Mann. Zumindest bilde ich mir das in meiner misslichen Lage ein. Sachte hebt meine Penis-Wolke ab, steht und schwebt durch die Luft. Wird praller und prächtiger, bis die Nacht sie verschlungen hat. Wäre der See hinter dem Hof meiner Pension nur etwas größer, ich würde auch eine frivole Flaschenpost in die Fluten schmeißen.

So verzweifelt bin ich inzwischen, am dritten Abend in ländlicher Idylle. Fernab jeglicher Homozivilisation. Weit weg von Berlin, dieser ewig lockenden Bitch, um nach den Osterorgien in Lack und Leder die leeren Akkus eines Metro-Schwulen wieder aufzuladen. Es ist ein freiwilliges Exil und ein gewagtes Experiment zugleich, wie ich schnell feststellen muss. Fünf Gehöfte, ein Dorf. Bin umgeben von Äckern und Wäldern. Allein unter Bäumen. Keine Menschen. Kein Lärm. Keine Lichter. Und vor allem kein Netz!

Das ist mein Dilemma. Kein verdammter Balken auf dem Display meines iPhones, ich hocke fest in einem fiesen Funkloch. Gefangen im analogen Nichts. Im Auge eines Online-Orkans. Das virtuelle Leben stürmt rings um mich herum, weht wüst an mir vorbei. Mir ist, als wäre mir die Blutzufuhr gekappt worden. Meine Ader in den Äther. Bin radikal abgeschnitten von der Außenwelt. Ohne Informationen, ohne Input, ohne Interaktionen und vor allem ohne Intimität.

Lust und Frust schrauben sich gegenseitig in die Höhe. Sprühen und verglühen wie die Funken des Feuers, an welchem ich mit reichlich Wein und Tabak verweile. Ich hatte ja keinen blassen Schimmer, dass es solche empfangsresistenten und sendegestörten Landstriche im Jahre 2013 überhaupt noch gibt! Winzige, widerspenstige gallische Dörfer, die vom digitalen Zeitalter augenscheinlich nicht erobert werden konnten!

So konsequent hatte ich es mit der Revitalisierung in der Einöde gewiss nicht gemeint. Wie soll ich jetzt bitte schön meine schwule Sexualität organisieren? Ein paar dringend nötige Dates klarmachen. Meine Lust halbwegs maßlos und offen wie daheim ausleben. Ich meine, ich hocke drahtlos in Meck-Po, sicherlich am schönsten Arsch der Welt. Doch das hilft mir nun auch nicht weiter. Da ist man als Schwuler mutig aus der Großstadt in diese Sommerfrische gekommen – und dann dieses Fiasko: keine Aussicht auf wenigstens ein kleines unanständiges Abenteuer. Auf exzessive Ekstase. Ganz zu schweigen von wilden Nächten unter freiem Himmel. Sich lieben auf einer Lichtung. Bumsen in einem der Boote. Ferkeln im Schweinestall und Übereinander-Herfallen im Heu. Alles verloren? Der ganze Urlaub futsch? Dann hätte ich doch gleich in ein Kloster gehen können – meine Chancen auf ein gewisses räudiges Rumfummeln wären vermutlich dort sogar höher gewesen.

Not macht erfinderisch

Ich meine, *come on*, Funklöcher, die kannte man aus den Kindertagen des Mobilfunks, als die elektromagnetischen Netze noch stümperhaft großmaschig geklöppelt waren. Oder, ein historisches Stück weiter zurück, aus Vorwende-Zeiten, als der Südosten der DDR ein einziges Funkloch war. Als der sächsische Elbkessel, in dem ich aufgewachsen bin, das „Tal der Ahnungslosen" genannt wurde, weil man dort kein Westfernsehen gucken konnte. Weswegen das Kürzel ARD scherzhaft auch für „Außer Raum Dresden" stand.

Findige Ostdeutsche hatten sich in den Achtzigern deshalb in losen Antennengemeinschaften zusammengeschlossen, um mittels Gerätschaften der Marke Eigenbau ein bescheidenes Fernsehflimmern auf die Mattscheiben zu bekommen. Das waren regelrechte Amateurfunktürme sowie selbstgebaute SAT-Schüsseln, in denen dann nicht mehr die Arbeiter- und Bauern-Füße gewaschen, sondern fortan die freiheitlichen Fernsehsender des „Klassenfeindes" empfangen wurden.

Bis zum Mauerfall sind viele solcher Kleinstempfängerkreise entstanden. Obwohl sie kaum über Telefon, geschweige denn über einen Computer verfügte, ging meine buckelige Ostverwandtschaft also gewissermaßen online, lange bevor das weltweite Web unser Leben komplett updatete.

Not macht eben erfinderisch. Also, manchmal. Mir will in stark alkoholisierter Lüsternheit nämlich wenig Originelleres einfallen, als sexuell angehauchte Nikotinwölkchen zu fabrizieren. Vielleicht sieht ja ein Kerl in der Ferne meinen „rauchenden Colt" und erwidert dieses fiebrige Flirtfanal, meinethalben mit einem dampfenden Cock-Ring oder einer rotierenden Arschbacke. Analoges Chatten. Schon alles egal. Jedes noch so platte Zeichen fände ich grad akzeptabel.

Was also tun? Mich mit meinen Tablet-PC, den ich geeignet fürs flache Land fand, auf den Dachstuhl des höchsten Bauernhauses setzen oder auf die nächste Baumkrone klettern, um ein paar verirrte Funkwellen einzufangen? Ich bin nicht schwindelfrei. Mit dem Auto rauskurven aus der Offline-Zone? Zu besoffen. Bevor ich anfange, jedem knisternden Scheit in der Glut etwas Phallisches anzudichten, ziehe ich lieber die rattige Reißleine und mich zurück in meine Ferienwohnung.

Einfach abhaken all das, die ganze Misere nur schnell noch twittern, dann ein, zwei Gute-Nacht-Clips streamen und hoffentlich bald einpennen. Ach ... stimmt ja. Mist!

Anonymität ist eine Illusion

Der krähende Klingelton-Weckruf am frühen Morgen kommt von einem übermotivierten Nachbarsgockel. Warum die Hühner hier so zeitig aufstehen müssen, ist mir ein Rätsel. Passiert doch eh nix in diesem Kaff!

Meine Laune ist ziemlich unterirdisch. Mir geht es nicht gut. Hab kaum geschlafen. Schweißausbrüche. Zittern. Bin unruhig. Traurig. Lustlos. Symptome einer Sucht. Wieder und wieder schnappe ich mein Handy, tippe das vierstellige Passwort ein, schluchze leise. Welch krasses Craving! Der unkontrollierte Entzug. Und ich kann mir online nicht mal von diesem durchgeknallten „Netdoktor" helfen lassen!

Am besten einfach im Bett liegenbleiben. Denn alles, worauf ich jetzt Bock hätte, spielt sich ohnehin online ab. Selbst meine sexuelle Begierde, meine massive Wollust, alle meine erotischen Fantasien, kommen ohne explizite Pics, Videos, Livechats nur schwer in die Gänge. Pech für die Morgenlatte. Schwill ab, du Blutsauger!

Ohne Funk ist wie ohne Futter. Freudlos wie ein Leben ohne Sex and Drugs and Rock and Roll. Der drahtlose Datenverkehr determiniert längst unser komplettes Dasein. Google, zum Beispiel, ist unsere praktische Gedächtnisstütze geworden. Was wir potenziellen Demenz-Opfer vergessen oder uns nicht merken wollen, spucken solche Suchmaschinen binnen Sekunden aus.

Das soziale Netzwerk Facebook wiederum fungiert als eine Art Lebenspartnerersatz und Pseudobusenfreund zugleich, den wir ungebremst und ungestraft mit den absonderlichsten Alltagsbanalitäten zuschütten können. „United Spam" würde ein gutes Motto der Smiley-Gesellschaft abgeben. Ich würde, so ich könnte, etwas über echte Landeier im Hühnerstall posten oder über die ziemlich ernüchternde Relativität von Geschlechtsmerkmalen nach dem Besuch auf der hiesigen Pferdekoppel.

Für jede noch so redundante Randnotiz gibt's von nicht minder verrückten Followern ein promptes Feedback. Bekräftigende Kommentare oder den Daumen-hoch-Button, jene neue Insignie der modernen Mainstreamkultur. Digitale Streicheleinheiten für die Seele bis hin zu stichelnden Shit-Stürmchen für die Delete-Taste, wenn ausgesprochene Facebook-Phimosen ihre Flatulenzen in Worte fassen.

So oder so, manchmal spart einen der ganze Spaß den Besuch beim Analytiker oder Paartherapeuten. Vielleicht halten unsere oftmals brüchigen schwulen Beziehungen sogar etwas länger, wenn das Netz den gröbsten Müll schon mal filtert und schluckt. Und wir nicht alles bei unserem armen Kerl ablagern müssen. Auf der anderen Seite haben sich manche Paare nun wahrscheinlich noch weniger zu erzählen, wenn schon alles exklusiv im Blog oder auf den diversen Chat-Portalen breitgetreten worden ist. Genauer will man das gar nicht wissen!

Die Psycho-Kiste hat noch einen Haken: Unsere Spuren bleiben im Netz deutlich länger erhalten, als vielen lieb sein kann. Wir Schwulen neigen ja bekanntlich dazu, unser Innerstes wie am laufenden Band preiszugeben, gesuchte Fantasien und gemachte Sauereien frei auszuplaudern, private Fotos mit hübschen Motiven von vorne, hinten, oben, unten, innen, außen hochzuladen und so weiter.

Das Problem dabei: Online einmal ausgeschiedener Unrat kann blöderweise jederzeit an die Benutzer-Oberfläche zurückkehren. Und wie wir seit den jüngsten Skandalen rund um die US- und andere Geheimdienste wissen, ist das elektronische Postgeheimnis sowie die Anonymität unserer kompletten Telekommunikation nichts als eine Illusion. Was mir gerade einen mächtigen Schrecken versetzt hat: Vielleicht mache ich relativ unbescholtener Bürger mich ja durch den zu langen Offline-Aufenthalt überhaupt erst verdächtig? Weil seit Tagen von einem wahren Funk-Junkie, wie ich es einer bin, kein virtueller Fetzen mehr durchs Netz gejagt wird? Kein Porno-Clip angeklickt, kein einziger Kerl angebaggert, kein Fickdate wollüstig angegangen wird. Nix!

Meine einst so ungestüme Twitter-Laune ist nicht erst seit Bekanntwerden des internationalen Abhör-Eklats ein wenig getrübt. Wissen wir denn, wo unsere heiklen privaten Daten einmal landen werden? Ich möchte nicht, dass mit unseren Namen markierte, Prinz-Harry-ähnliche, Suffporträts durch das Netz geistern, Filmchen von der letzten Fist-Session im Internet die fröhliche Gaffer-Runde machen oder unser Live-Blog vom Anal-Bleaching nachher nicht mehr deaktiviert werden kann, weil wir schlicht den dusseligen Zugangs-Code verlegt haben.

Manchmal reicht es in puncto Peinlichkeiten schon aus, wenn man seine zu recht streng private E-Mail-Adresse mit der geschäftlichen verwechselt. Halt dumm gelaufen dann. Und gibt es eigentlich ein Smiley fürs Fremdschämen? Oder wenigstens eine adäquate App zum Download? Ich meine, gute Vorlagen hätten wir doch reichlich, man bräuchte nur bei *Germany's Next Topmodel* oder dem *Perfekten Promi-Dinner* reinzuzappen. Ja, wahrscheinlich gibt es sie längst. Immerhin können uns intelligente Apps verraten, wann die Frühstückseier auf den Punkt gar sind – oder die Steaks auf dem Grill wirklich *well-done*. Ungelogen, ich bin mittlerweile ein Fan der kleinen Klick-Bonbons geworden. Apps versüßen uns nicht nur das Leben, sie ersetzen es nach und nach. Obwohl die meiner Ansicht nach schwulsten Apps erst noch erfunden werden müssen, die unseren Gaydar eines Tages vielleicht ganz überflüssig machten oder sich komplett an unsere Wollust anpassten. Auch schon jetzt haben diese Programme ein ausgesprochen hohes schwules Suchtpotenzial, da sie unsere virtuellen Bedürfnisse befriedigen: uns Spaß machen, unterhalten, aufregen und ablenken – fast in dem Maße wie unser Sex.

Mobile Applikationen sagen uns artig, wie das Wetter wird. Welche Klamotten wir anziehen oder besser in die Kleiderspende geben sollen. Wie wir von A nach B kommen, sprich, von einer Kneipe in die nächste torkeln. Wo wir beim Shoppen ein richtiges Schnäppchen machen, die Pizza im Anschluss zum halben Preis bekommen, die Maniküre im Sonderangebot ist – und was sonst noch so für Termine anstehen. Außerdem schlagen sie Alarm, wenn unser Konto die Dispo-Mindestgrenze erneut unterschritten hat, sich eine verrückte Politesse dem im Halteverbot parkenden Auto nähert oder wir Gefahr laufen, uns beim Flirten im Fitnesscenter einmal mehr einen Korb einzufangen, weil der Anvisierte a) zwar schwul aussieht, aber selbst für eine schnelle Nummer zu hetero ist, b) momentan in einer super-monogamen Zweierkiste lebt oder c) uns tatsächlich für eine verkappte Hete hält, die des Bumsens nicht wert sei. Oder alles zusammen.

Zudem verführen uns Apps zu demonstrativ dusseligen Games oder drangsalierenden Diäten. Machen richtig süchtig, die kleinen Helferzellen, da sie nicht nur den Nerv treffen, sondern in dreisten Wettstreit mit unseren Hirnzellen treten. Ausgang offen ...

Blindes Vertrauen geht in die Hose

Es ist eine ambivalente Sache mit diesen kleinen Monstern. Klammheimlich können sie uns gnadenlos ausspionieren, sensible Infos sammeln und meistbietend weiterfunken. Dadurch würden unsere kompletten Konsumwünsche, Kontodaten, Kontakte und schlimmstenfalls sogar sämtliche gescheiterten Anmachversuche sowie unsere Protokolle der Wollust flugs bei ominösen Auftraggebern landen, die bald mehr über uns wüssten als wir selber – oder unser penibel gepflegtes Nutzer-Profil auf den schwulen Seiten je preisgeben könnte. Glücklicherweise ist den allermeisten App-Anbietern der einigermaßen strenge deutsche oder auch EU-Datenschutz angeblich heilig; Vertrauen und Kundenpflege sollten Vorrang vor billiger Geschäftemacherei haben. Oder etwa nicht?

Wir wiederum erwidern die universale Liebe, indem wir noch intimere Details und heiklere Angaben von sogenannten Drittpersonen in die Cloud einspeisen. Solange sie uns vorzüglich nährt, die globale, große Mutter, fragen wir sie nicht, woher das schmackhafte Futter kommt, sondern verschlingen es. Noch dazu, wo heutzutage erstaunlich viele Apps kostenlos auf dem Tablet landen.

Im Ernst: Safer-Surfen macht richtig Arbeit. Und ist gelegentlich genauso stressig wie Safer-Sex. In beiden Fällen kann blindes Vertrauen gehörig in die Hose gehen. Aber wer von uns liest sich schon jedes Mal die 20-seitigen AGBs durch, selbst wenn sie in einer noch so schlichten wie laienfreundlichen Sprache verfasst wurden? Wer lädt sich denn fortlaufend Sicherheits-Updates runter oder recherchiert die gröbsten Risiken und Nebenwirkungen vor dem Shopping-Bummel im App-Store? Nur die Wenigsten studieren doch auch ihre Beipackzettel von Medikamenten oder Bedienungsanleitungen von neu erworbenen Geräten. Und schließlich: Wer von uns überwacht konsequent die Verschlüsselung seiner Daten in der digitalen Wolke, die sicheren Einstellungen seines „Endgeräts", die nervig abgefragten Zugriffsrechte von Online-Software? Ich frage mich, ob das irgendeiner unter Kontrolle hat?

Insbesondere dann, wenn mal akute Not am Mann ist. Was bei etlichen von uns täglich oder im Stundentakt vorkommt. Wohldosierte Wollust. Mit steigender Geilheit sinkt kolossal die Vorsicht. Rausch und Vernunft gehen bekanntlich selten Hand in Hand. Daher glaube ich, dass wir zu leichtfertig mit unseren ins Netz gestellten persönlichen Angaben – unseren Vorlieben und Begierden, *dirty chats*, eindeutigen Fotos und Videos – umgehen. Ich bin da genauso unvorsichtig wie viele andere auch, und mir fällt leider keine handhabbare Alternative ein.

Um ein flüchtiges Fick-Date klarzumachen oder um uns saftige Schweinepornos angucken zu können, akzeptieren wir ungelesen das Regelwerk im Kleingedruckten. Lassen die Cookie-Agenten zu, die unsere Aktivitäten und Spuren im Internet aufzeichnen. Oder optimierte Ortungssoftware, die uns längst gepeilt hat, bevor wir die letzten Stockwerke zur nächsten Sex-Bekanntschaft hinaufgekrackselt sind. Man kann nur hoffen, dass die gegenwärtig heiß diskutierten Clouds, diese Daten-Wolken, dichthalten und all den hochgeschossenen Input nicht unkontrolliert irgendwo abregnen. Aber, wer traut schon Wettervorhersagen?

Männer sind nicht multitaskingfähig

Hier auf dem Land ist der Himmel seit meiner Anreise heiter. Kein Wunder, verharre ich noch weiterhin im Auge eines Online-Orkans. Ein örtliches Funkloch, in dem es keinen Trouble mit dem Datenschutz geben dürfte. Was mich für einen Augenblick entspannt, ein erster Pluspunkt an dieser Geschichte, und mich das verhängnisvolle Smartphone vorrübergehend mit Desinteresse strafen lässt. Ich wage sogar einen Spaziergang ohne Telefon in der Tasche. Unter anderen Umständen käme mir so etwas Kühnes nicht in den Sinn. Ob morgens im Bus, mittags im Büro, abends beim Bier oder nachts im Bett – das Teil ist praktisch immer dabei und immer bereit.

Früher war es den Leuten durchaus unangenehm, wenn während eines Mahles ihr Telefon klingelte. Heute liegen die kleinen Alleskönner freizügig neben Messer und Gabel oder auch direkt in der Hand. Bloß mit ihnen Essen geht noch nicht. Für manche ist es eine Selbstverständlichkeit, für andere eine Frage von Anstand und Respekt, die Dinger in guter Gesellschaft stummzuschalten oder wegzupacken. Ich nenne es puren Luxus, wenn Gäste meine Gegenwart auch mal „ohne" genießen, statt umgehend zu posten, was sie da soeben gegessen, gesoffen und wieder ausgekotzt haben.

Inzwischen empfinde ich es auch durchaus als lästig, wenn mein Fick-Date mehr an seinem Eier-Phone rumfummelt als an unseren Eiern. Er mehr Zeit im Chatroom verbringt als wir in uns. Mehr Worte per SMS versendet, als ich von ihm jemals zu hören bekommen werde. Oder wenn er mir gar seine All-Time-Favoriten unter die Nase hält, mit denen er mal wollen würde oder es bereits getrieben hat. Dann graut es mir allein bei dem Gedanken, meinerseits einst Teil einer solchen Freak-Show zu sein – und anderen armen Hunden als bescheidener Appetitanreger vor dem Sex zu dienen.

Bei Gruppen-Sessions sind die Kerle zuweilen ruhelos damit beschäftigt, online nach potenter Verstärkung zu suchen, statt ruchlos übereinander herzufallen. Wir wollen immer alle die große Drecksau rauslassen und müssen uns am Ende oftmals mit recht kleinen Ferkeln begnügen.

Zu viel Ablenkung gefährdet den Verkehr, wie man dann gnadenlos beobachten kann. Und Männer beherrschen nur selten das Multitasking. Heftig im Sling zu schaukeln, dabei mit seinem Smartphone zu surfen und auch noch angemessen auf den Aktiven einzugehen, das kriegen wohl nur die besonders Extrovertierten unter uns gebacken.

Manche Tops sind mitunter so sehr auf ihre Rolle versteift, dass zusätzliche Reize Risiken bedeuten. Wenn das ganze Blut ein paar Etagen weiter unten dringender benötigt wird, muss es keinen wundern, dass sie beim Ficken das Stöhnen vergessen. Sich, wenn überhaupt, in einem auf Schlagworte reduzierten Dirty Talk versuchen. Und die Bierflasche mit dem Gleitmittelspender verwechseln. Das kann schon mal vorkommen. Dem Bottom jetzt noch Poppers unter die Nase zu halten, stellt einen besonderen Schwierigkeitsgrad dar.

Wobei das alles auch eine Frage der Routine und der Sozialisation ist. Wenn man quasi mit dem Smartphone im Handteller aufwächst, dann automatisieren sich bestimmte Denkprozesse. Wie beim Autofahren. Wir Homo-Veteranen, die wir unsere Führerscheine noch zu analogen Zeiten gemacht haben, können ja auch hinter dem Steuer sitzen und dabei quatschen, uns eine Kippe anzünden, Radio hören und sogar ohne Navi das Ziel finden.

Die Jungschwuppen hingegen, jene *digital natives*, haben per Handy längst unsere Route zum Club erstellt, die Wartezeit am Einlass ausgerechnet, mal kurz bei Gayromeo und Grindr vorbeigeschaut, vielleicht springt ja für später noch ein sexy Date raus, Lenas Ausrutscher bei der Punktevergabe des letzten Grand Prix live getwittert und postwendend via Facebook eine Top Five der peinlichsten Auftritte junger Popstars 2013 gepostet, welche Justin Bieber mit seinem pubertären Anne-Frank-Eklat klar anführt – und das alles, bevor wir die Parklücke überhaupt verlassen haben. Kein weiterer Kommentar!

Was würde so einer jetzt in diesem Funkloch anstellen? Wenn ich mich schon abgeschieden wie in Klausur fühle, jeglicher irdischer Freuden beraubt und den überirdischen Versprechungen keinen Glauben schenkend. Wieder abreisen? Oder ausbüxen? Sein Smartphone wie eine Wünschelrute vor sich halten und so lange tiefer und tiefer in den Wald eindringen, bis er auf ein sprudelndes Quell an Wellen stößt? Oder würde er sich deutlich schneller als ich mit der Offline-Zone abfinden, weil er jünger, flexibler, dynamischer und belastbarer ist? Und somit der Idealfigur des um Arbeitskräfte ringenden Stellenmarktes entspricht, wo beinahe jede Anzeige mit folgenden Blähungen beginnt: „Junges, flexibles, dynamisches Team sucht belastbaren ..." Schon mal aufgefallen? Und in diesem, meist auch „besonders kreativen" Kollegium hocken dann so leergetrunkene und moralisch zerknüllte Pappbecher, wie ich es einer bin.

Auf unseren Sex können wir stolz sein

Ich meine, es grenzt ja wohl an Voll-Idiotie, dass ich in dieser malerischen Gegend so schleppend ein paar Gänge runterschalten will. Kann doch nicht so schwer sein, die Kunst der Entschleunigung anzuwenden. Augenblicke mal nicht ans Netz und an Sex zu denken. Dazu lasse ich mich auf einer Wiese am Waldrand nieder, direkt neben der Pferdekoppel. Ganz ohne Inspiration geht halt nicht.

Als Erstes erschlägt einen leidenschaftlichen Großstädter wie mich die jungfräulich-frische Landluft. Fast schon widerlich sauber hier. Es dauert eine lange Weile, bis meine von Smog und Smoke stark malträtierte Lunge dem Reinheitsgrad des hiesigen Sauerstoffs traut und sich einmal komplett durchlüften lässt, was mich den halben Nachmittag zum Husten zwingt. Bin müde. All die Tage schon. Schläfrig vom Nichtstun. Ich inhaliere Laub.

Daheim in Berlin mit meinem um ein Vielfaches vergrößerten Erlebnishunger, den ich bis tief in die Nacht zu stillen versuche, komme ich meist nur für wenige Stunden zur Ruhe. Permanent treibt mich da die Sorge an, etwas zu verpassen. Eine faszinierende Vernissage. Eine gute Party. Ein paar Kontakte zu interessanten Leuten. Einen chilligen Abend mit meinen Freunden. Einen anonymen Fick mit einem Fremden. Eine berauschende Session mit allem Drum und Dran. Nur satt bin ich davon selten geworden. Trotz mancher Völlerei und Saufgelage ...

Unsere Sexualität ist eben einerseits ein menschliches Grundbedürfnis wie Essen und Trinken. Was das individuelle Verlangen betrifft, wenn es uns ordentlich packt und danach dürstet und wir einen regelrechten Heißhunger verspüren, sind sich diese drei Sachen mit Sicherheit ebenbürtig. Sowohl Sex als auch das Futtern verschaffen uns zeitweilig Befriedigung. Beides können wir uns hastig einverleiben oder ausgiebig zelebrieren. Also, den Sonntag brunchend und schmausend in bester Begleitung genießen oder uns unterwegs eine schnelle Packung im Stehen reinpfeifen. Beides schmeckt ohne Raffinesse und würzige Variationen irgendwann fade. Wer will schon jeden Tag denselben Eintopf vorgesetzt bekommen? Oder immer nur abgestandenes Leitungswasser trinken?

Und bei beiden lohnt es, sie vom Muff jahrelanger Konventionen gehörig zu entstauben. Sich nicht dem Prinzip von Disziplin und Ordnung zu beugen, sondern dem der Lust. Klingt simpel, ist aber hochkontrovers.

Politik beginnt im Kleinen, innerhalb der Familien. Mir als Heranwachsendem war es seinerzeit etwa ein Bedürfnis, heimlich zwischen den Mahlzeiten zu essen. Nicht weil ich maßlos verfressen war, sondern weil ich nach eigenem Gusto handeln wollte. Sich nachts am Kühlschrank zu schaffen machen. Den überladenen Teller mit ins Bett nehmen. Auswärtig mampfen. Das waren alles kleinste Brüche mit den Traditionen der Sippe.

Je rigider die Regularien zu Hause gehalten wurden, desto größer nachher das Revoluzzer-Feeling. Interdisziplinär griff das während der Pubertät dann über, was sich in Form von alternativen Klamotten, Frisuren, Musikgeschmäckern bis hin zu den politischen Ansichten widerspiegelte. Oft zwar nur Phasen, die vom Hetero-Mainstream bereinigt werden konnten, sobald die wahrgenommenen Unstimmigkeiten mit der Umgebung wieder einigermaßen abgeschwollen waren. Hatten die Konflikte tiefere, mit dem Umfeld kaum konforme Wurzeln, etwa unmittelbar mit unserer Homosexualität zu tun, kam man mit einer bloßen Anti-Haltung nur schwerlich weiter. Sowohl beim inneren Ringen mit sich selbst als auch mit Familie und Freunden. Dann überzeugten bestenfalls ein paar Argumente – oder der couragierte Cut mit dem bisherigen Leben.

Wir Homos sind die Dissonanzen in Familie und Gesellschaft bis heute nicht ganz losgeworden und fortschreitende wie bleibende Brüche mit den Konventionen geradezu gewohnt. Und, auch wenn das allmählich kitschig klingt, ich glaube wirklich, dass es stimmt: Unser Sex ist das wohl Politischste, was wir gemeinsam je auf die Beine gestellt haben! Etwas, worauf wir immer stolz sein konnten.

Gestartet als tapfere Einzelkämpfer beim Aufkeimen gleichgeschlechtlicher Gelüste im heimischen Jugendzimmer und angetrieben durch die freigesetzte Energie nach dem Coming-out hat unsere schön perverse Art der Kopulation weitaus mehr bewegt, als man auf den ersten Fick meinen würde.

Gerade weil Sexualität generell noch mit irrsinnigen Tabus beladen ist, gehen wir Schwulen seit jeher einen so engen Pakt mit ihr ein. Quasseln von früh bis spät über nichts anderes. Schwingen uns zu Experten auf. Halten uns für freier, enthemmter, tja, anders als die anderen. Nichts, wofür sich die Masse diskret schämen würde, kann uns zu schamlos, zu schmutzig oder zu verboten sein. Und solange man uns insgeheim noch für Pervertierte hält, treten wir mit unserem freizügigen Treiben der Doppelmoral und Prüderie im Lande kräftig in den Hintern.

Nackte Tatsachen gegen politische Prüderie

Unsere Sexualität ist, auch das kein Geheimnis, nicht nur ein Grundbedürfnis, sondern letztlich genauso banal wie Essen und Trinken. Wir ficken. Fünf Minuten. Eine Stunde. Einen Tag. Mit zehn, zwanzig oder hundert Typen im Leben, pro Jahr oder an einem Wochenende. Manche treiben es analog zum „Caffee to go" halt spontan auf die Schnelle, im Sinne von Fast Ficken, wobei es Latte macchiato ist, wen man sich gerade heiß aufbrüht. Hauptsache, die Milch schäumt am Ende. Dabei geht es konzentriert um Körper und deren Öffnungen. Andere bevorzugen Drei-Gänge-Menüs mit Vorspiel, Hauptnummer und noch mal Nachlegen, bei denen man sich neben dem Animalischen auch menschlich eindringender nähern kann.

Die Qualität ist wie unser Geschmack dabei rein subjektiv. Während der eine die große Geschichte – gemeinsames Dinner, Sex und Frühstück – zum Wohlbefinden braucht, genügt es dem Nächsten zum Dampfablassen, wenn er im Park kurz einen wegsteckt. Ein Bekannter von mir findet im Knutschen und Kuscheln maximale Befriedigung, wenn sich neben den Körpern die Gefühle austoben. Wiederum welche fangen beim Arschversohlen glücklich an zu glucksen oder sobald zwei Schwänze gleichzeitig drin sind.

Bei nicht wenigen Schwulen übrigens ist Sex ausschließlich an Liebe gekoppelt – da sollte man sich als Berliner Rumtreiber nicht täuschen lassen – und passiert exklusiv innerhalb der Beziehung. Während andere Paare, ganz das Gegenteil, nur mehr außerhalb ihrer Partnerschaft vögeln. Auch okay. Alles genauso normal wie im Grunde banal. Erst die Bewertung durch Unbeteiligte macht den moralischen Unterschied. Wenn die eigene limitierte Vorstellungskraft und die fehlende Offenheit zu pauschalen Vorverurteilungen führt und sich die buchstäbliche Beschränktheit eklatant entblödet.

Dagegen helfen konsequente Aufklärung und Konfrontation. Manchmal muss es dabei derb auf die Glocke gehen, will man Missstände medial anprangern und öffentlich anecken. Etwa durch hüllenlose Haut, wie der jüngst vor Russlands Präsidenten Putin entblößte Busen der Femen-Frauen zeigt. Nackte Tatsachen waren stets bewährte Instrumente gegen politische Prüderie und ein gesellschaftliches Gestern. Dosierte Dramen diktieren.

Was nicht heißen soll, dass wir neugierigen Nachbarn nun unsere Playrooms öffnen und Einführungskurse anbieten müssen oder Public Sessions auf der Terrasse, im Stadtpark oder am Strand veranstalten. Solche Schocktherapien sind, denke ich, begrenzt imstande, verkrustete Meinungen aufzuweichen. Wir Schwulen wissen doch am besten, wie unterschiedlich hoch individuelle Schmerzgrenzen liegen. Mich persönlich stören kopulierende Körper in der Öffentlichkeit weniger als Typen, die ihren triefenden Döner mit in die S-Bahn bringen. Und wenn beim Anfahren die Hälfte vom Fraß auf Kleider und Sitze suppt, das finde ich dann widerlich.

Abgesehen davon kann man sich heutzutage die gängigen und auch eher verborgenen sexuellen Praktiken bereitwillig und bequem per Mausklick reinziehen. Mich würde mal interessieren, ob die global vernetzte Sichtbarkeit unseres sexpliziten schwulen Treibens zu mehr Abscheu oder mehr Akzeptanz führt? Fördert oder lindert *free porn* die Homophobie? Ich tendiere zu Letzterem, da ja die meisten Clips allenfalls das zeigen, was Sex meiner Meinung nach oft ist: eine zwar tierisch Spaß machende, aber gewöhnliche Veranstaltung. Nüchtern betrachtet.

Paradoxien im schwulen Balzverhalten

So ganz haut das alles natürlich nicht hin. Wenn wir tatsächlich genauso unkompliziert und beiläufig einen Schwanz lutschen könnten wie ein Speiseeis, bräuchten wir nicht derartig viele Energien und Stunden mit der Männerakquise verschwenden – und fiele der Frust ungleich geringer aus, wenn am Ende kein Fell erlegt wurde.

Der Weg zum Sex ist Teil des Films. Lust eine berauschende Droge, die zur vollen Wirkung kommen kann, indem sie einen flüchtigen Gedanken in fiebriges Verlangen ummünzt. Großes Kopfkino. Je intensiver wir uns darauf konzentrieren, desto flehender unser Wunsch. Ab und an ist die Vorfreude dann cooler als der eigentliche Akt. Das weiß man, es ändert aber trotzdem selten was an der Triebfeder.

Und ist beileibe nicht die einzige Paradoxie im schwulen Balzverhalten. Ein Beispiel: Per Radarfunktion zeigen uns Dating-Plattformen auf Wunsch an, welche Homos in unmittelbarer Nähe online sind. Da wir keine Lust haben, für einen lumpigen Gute-Nacht-Fick durch die halbe Stadt zu gurken, beackern wir ausschließlich Typen im Radius von 500 Metern im Chatroom. Oft stundenlang und selten zielführend. In der Zeit vor dem Rechner hätten wir locker fünf Nummern in verschiedenen Stadtteilen schieben können.

Wer wie ich auf dem Land hockt, kommt nicht drum rum, für ein Date Distanzen zu überwinden, Unannehmlichkeiten in Kauf zu nehmen. Wenn das Display ein paar verstreute Homos im Umkreis von 500 Kilometern anzeigt. Immerhin. Denn wie farblos schwules Cruising auf dem Land erst zu analogen Zeiten gewesen sein muss, kann ich mir just wunderbar ausmalen! Wie soll ich ohne Netz Homo-Hot-Spots recherchieren, geschweige denn Treffen arrangieren? Etwa so lange mit dem Auto alle anliegenden Badeseen abklappern, bis ich zufällig einen Fisch an der Angel habe? Nicht, dass das so abwegig wäre. Früher ist man auch von Raststätte zu Raststätte gepilgert, in der Hoffnung, seinen leeren Kanister mit einem hübschen Kerl zu betanken. Manche von uns haben dafür auf dem Berliner Ring mehr Runden gedreht als Sebastian Vettel beim Großen Preis von Deutschland! Mit entsprechenden Boxenstopps.

Heute drehen queere Surfer mit ihren mobilen Peilsendern Schleifen in der Stadtbahn und springen hektisch aus dem Waggon, wenn sich im gerade durchquerten Kiez was ergeben könnte. Auch Reliquien wie das altschwule Cruising oder Klappen-Spotting erleben digitalisierte Comebacks. Sich die Jungs per Live-Cam quasi ins richtige Gebüsch lotsen oder sämtliche sichtbaren Homos in den benachbarten öffentlichen Plumpsklos lokalisieren. Was weiß denn ich.

Zukünftige Technologien versprechen recht rosige Dates und könnten für neue Verwirrung sorgen. Wenn wir das Handy nicht mehr in den Pfoten haben, sondern das Display direkt auf die Linse projizieren. Einfach eine digitale Brille aufsetzen. Google Glass mit integrierter Kamera gibt es ja bereits. Und Software zur Gesichtserkennung auch. Dann würde uns ein flüchtiger Blick in die Augen eines Fremden mehr verraten, als dem lieb sein dürfte. Wenn binnen Sekunden alles, was das Netz dieser Visage zuordnen kann, auf unserer Optik landete. Hersteller beschwichtigen im Hinblick auf datenschutzrechtliche Proteste, dass sie diese Funktionen nicht freischalten würden. Noch nicht.

Eine andere illustre Art der Kommunikation von morgen ist das Luftschreiben. Kennt man von den Wii-Spielkonsolen. Dabei müssten wir uns nicht mehr mit den winzigen Tastaturen rumquälen. Wenn Kerle künftig mit den Armen unkontrolliert fuchtelnd durch den Park laufen oder aus der Kneipe stürmen, kann das von einem schockierenden Date kommen. Zu viel Alkohol geschuldet sein. Oder einfach an der unkonventionellen Art liegen, eine SMS zu texten. Also ganz ehrlich: Ich würde diesen digitalen Junkies mal dringend eine Woche Funkloch empfehlen.

ENDE

Ganz so banal ist unser Sex dann doch wieder nicht

Vorletzte Nacht klingelte ein Freund Sturm an meiner Tür. Ich hockte gerade über den letzten Korrekturfahnen dieses Buchs, hatte wenig Lust auf Gesellschaft. Öffnete schließlich und sah ein Häuflein Elend vor mir: Der sonst so robuste Schrank von einem Mann war in seine Einzelteile zerlegt. Er stand völlig neben sich. Die Augen waren aufgequollen, sein Gesicht farblos und kühl wie die Wand meines Arbeitszimmers und der Körper zitterte unter Schock. Sein Kerl hatte ihm soeben den Laufpass gegeben, nach was weiß ich wie vielen Jahren oder Jahrzehnten – für schwule Verhältnisse jedenfalls nach einer Ewigkeit.

Tatsächlich waren die beiden für mich eines jener raren Traumpaare, ein Symbol der Verlässlichkeit, Zeichen des Zusammenhalts, ein allen Stürmen und Gezeiten trotzender Felsen in der schwulen Beziehungsbrandung. Krisen, Krankheiten und beknackte Konkurrenten konnten ihnen nichts anhaben. Aufgefressen wurden sie vom Alltag, die Luft war restlos raus, die gemeinsame Sexualität längst im Koma, die große Liebe einer grässlichen Gewohnheit gewichen. Immerhin hatte der eine das Verhängnis erkannt; der andere lümmelte, literweise Tränen tropfend, nun auf meiner Couch.

Ich packte also meinen Vordruck weg und hielt bis weit in den Morgen hinein neben ihm Wache, nachdem er endlich eingeschlafen war. Dabei ratterten mir die typischen Trennungsgedanken durch die Rübe. Beziehungen enden früher oder später, mehr oder minder qualvoll für alle Beteiligten – so ist das nun mal. Das geht uns Homos nicht anders als den Heteros. Der herzzerreißende Schmerz am Schluss ist nichts Schwulenspezifisches, auch wenn viele von uns angeblich nah am Wasser gebaut sind. Der kleine Unterschied folgt erst nach dem Bruch.

Trennt sich ein Heteropaar, werden diese Retro-Singles in der Regel von gewachsenen familiären Strukturen bemuttert und behütet. Da kriechen meinethalben ein paar kecke Kinder oder Enkel über den heimischen Dielenboden, da sind die verwandtschaftlichen Auffangnetze oft engmaschiger geklöppelt als bei vielen von uns.

Wenn hingegen unsere alternativen Lebenskonzepte urplötzlich scheitern und wir verstört kapieren, dass unsere einst so couragiert eingeschlagenen anderen Wege in eine Sackgasse führen – wie flexibel sind wir dann nach zehn oder 20 Jahren Partnerschaft wirklich noch? Und wer baut uns wieder auf, wenn wir das Gefühl haben, dass sämtliche, unser Leben sichernden Homo-Dämme chaotisch brechen?

Zwar sind wir bekannt dafür, uns immer wieder aufzurappeln und neu zu erfinden. Nicht von ungefähr gelten wir als kundige Experten darin, uns am eigenen Schopf aus beinahe jedem Schlamassel zu ziehen. Aber das erfordert einen immensen Extraschub an Energie. Auch deswegen behaupte ich, dass schwules Leben reichlich viel Arbeit macht.

Ganz ehrlich: Wir haben in mancherlei Hinsicht gesellschaftliches Neuland betreten und uns teilweise ohne familiäres Netz oder doppelten Boden neugierig auf die

Homo-Socken gemacht. Die beste Rückversicherung, die es für uns daher gibt, ist neben dem Freundes- und Familienkreis unsere Community. Deshalb würde ich sie trotz des intellektuell nicht uninteressanten Geschwafels von „Post-Homo" und „Dekonstruktion", das heißt, der Hinfälligkeit unserer sexuellen Identität, nicht voreilig abschreiben. Noch brauchen wir unsere vielfältigen queeren Szenen dringend – das finde ich zumindest. Für mich ist Community fast überall auf der Welt Heimat und Hafen zugleich, eine andere Form von Freiheit und Familie, die ich neben meinen Freunden und Bio-Verwandten nicht missen möchte.

Und eins noch am Ende: Harte Arbeit war es bestimmt auch, meinen ab und an grotesk-konfusen Gedanken über die „Sieben schwulen Todsünden" halbwegs zu folgen. Respekt und danke dafür. In dem Sinne wünsche ich uns allen weiterhin ein amüsantes Leben in Exzessen, mit mal mehr und mal weniger banalem Sex.

Danksagung

Für heftigen Input, hilfreichen Austausch und zuweilen hirnrissige Spinnereien danke ich Annegret, Berno, Christoph, Dennis, Jan, Jim, Katja, Katrin, Martin, Paula, Stephan und vielen anderen sowie natürlich meiner Familie und den sympathisch-durchgeknallten Dachdeckern, die während des Schreibens für eine angemessene Background-Beschallung gesorgt haben.